01 수학 교사를 위한 지침서
대한수학교육학회 번역시리즈

Developing Essential Understanding of
Algebraic Thinking
for Teaching Mathematics

대수적 사고의 필수 이해

방정숙 · 최지영 · 이지영 · 김정원 옮김

idea

NCTM | NATIONAL COUNCIL OF TEACHERS OF MATHEMATICS

KYOWOO

Developing essential understanding of
algebraic thinking
for teaching mathematics in grades 3-5
(ISBN 978-0873536684)

This Korean edition was published by KyoWooSa Publishing Company in 2017 by arrangement with National Council of Teachers of Mathematics through KCC(Korea Copyright Center Inc.), Seoul.

이 책은 (주)한국저작권센터(KCC)를 통한 저작권자와의 독점계약으로
(주)교우에서 출간되었습니다.

역자 서문

수학을 왜 가르치고 배워야 하는가에 대한 답변은 시대의 변화에 따라 달라질 것이다. 세계는 지식기반정보화 사회, 즉 3차 산업혁명 시대를 넘어 기계와 제품의 지능화와 사물인터넷으로 요약할 수 있는 4차 산업혁명 시대에 접어들었다. 이러한 변화 속에서 수학교육은 어떤 모습이어야 하는가에 대한 고민이 필요하다.

이 책은 NCTM의 필수 이해 시리즈(Essential Understanding Series)를 대한수학교육학회의 주관 하에 번역한 것 중 한 권으로, 위의 문제에 대한 직접적인 답을 주지는 못하지만 우리나라의 수학교육에 대한 반성 및 제언을 시의적절하게 제공할 수 있을 것이다. 교육과정을 수학 수업으로 실행하는 주체이자 교수·학습 활동의 전문가인 교사의 역할에 대한 강조는 수학교육의 세계적인 추세이며, 교사 전문성을 신장하기 위한 여러 방면의 연구가 진행 중이다. 필수 이해 시리즈는 수학 수업의 주체인 교사가 학생들을 지도할 때 참고할 수 있는 특정 수학 주제에 대한 자료이다.

이 책은 필수 이해 시리즈 중에서 초등학교 3학년부터 5학년 학생들의 대수적 사고(algebraic thinking)에 대한 필수 이해를 다루고 있다. 전통적으로 대수는 중등 학생들에게 적합한 내용 영역으로 여겨져 왔으나, 학생들이 대수 학습에서 산술적으로 사고하는 경향에 대한 반성과 함께 초등학생들을 위한 대수적 사고의 중요성이 강조되기 시작했다. 국제적으로, 2000년대 초반까지는 패턴 활동과 관련하여 일반화하기, 연산의 성질 및 수치적 구조와 관련하여 일반화하기, 양 사이의 관계를 표현하기 등의 연구가 많았던 반면, 최근에는 학생들의 대수적 사고 과정을 면밀히 탐색한 연구들을 바탕으로 대수적 사고의 본질과 과정을 이론적으로 설명하며, 실제 초등학교 수학 수업에서 학생들의 대수적 사고를 촉진하기 위한 다각적인 노력이 한창 이루어지고 있다.

우리나라에서도 이와 같은 국제적 추세에 맞춰 최근에 초등

학생들을 대상으로 한 대수적 사고에 대한 연구가 일부 진행되고 있으나 다른 나라에 비해서는 아직 미흡한 상태이다. 이런 시점에서 본 역서는 기존에 전통적인 방법으로 가르치거나 다루었던 산술, 등식, 변수, 규칙과 대응 등에 대한 학습 내용이나 사고 양식을 새로운 관점에서 재발견할 수 있는 기회를 제공할 것으로 기대된다.

이 책은 대수적 사고에 대한 핵심 아이디어와 필수 이해를 다루기 위해, 도입부에서 대수적 사고의 중요성과 관련 배경을 설명하고 이어 총 3개의 장을 구성한다. 1장에서는 대수적 사고에 관한 핵심 아이디어와 필수 이해를 제시한다. 구체적으로 대수와 산술간의 관계, 등식, 변수, 양적 추론, 함수적 사고를 다루는데, 초등학생들의 대수적 사고를 신장하기 위해서 새로운 내용을 가르치는 게 아니라 기존의 학습 내용 중 어디에 초점을 두어야 하는지를 강조한다. 2장에서는 선수 학습과 후속 학습의 연계성을 다루는 데, 특히 최근에 대수적 사고의 중요성과 함께 유치원에서부터 초등학교 저학년 학생들에 대한 연구가 증가함에 따라 더 어린 학생들의 사고와 어떻게 연결되는지, 그리고 중학교에서의 대수 학습과 어떤 관련성이 있는지를 탐색한다. 마지막으로 3장에서는 대수적 사고와 관련된 교수, 학습, 평가를 다루는 데, 교사들이 학생들의 대수적 사고를 촉진하기 위해 어떤 수학적 과정에 초점을 두어야 하는지와 이를 위한 적절한 과제와 평가 방법을 살펴본다.

역자들은 이 책의 내용을 가감 없이 그대로 전달하고자 하였다. 이 책에 담긴 필수 이해와 그것을 예시하는 다양한 사례를 통해 초등학생에게 대수적 사고를 의미 있게 지도하기 위한 교사 전문성이 구체화될 수 있기를 기대한다. 또한 급격한 변화 속에서 학교 수학에서 다루어야 할 것이 무엇인가에 대한 고민에 도움이 되길 바란다. 이 책의 출판을 위해 노력해주신 교우사 여러분께 깊은 감사의 뜻을 전하는 바이다.

2016. 12.

역자 일동

- 차례 -

서문

유아·유치원(prekindergarten)부터 12학년까지의 수학을 가르치기 위해서는 수학에 대한 특별한 이해가 필요합니다. 유능한 수학교사들은 설명법을 찾고, 수학 안과 밖의 주제들 간의 내용을 접목시키면서 자신들이 가르쳐야 하는 내용 자체뿐만 아니라 그 이상을 생각합니다. 가르치는 주제에 대하여 학생들에게 어떤 수학이 중요한지 아는 교사들을 만날 때, 학생들은 교육과정과 학업 성취에 대한 기대치를 더 잘 충족할 수 있게 됩니다.

미국수학교사협의회(NCTM)가 출간한 「필수 이해 시리즈(Essential Understanding Series)」는 2006년에 출판된 「유아·유치원에서 8학년까지의 수학을 위한 교육과정 초점 사항: 일관성을 위한 요구(Curriculum Focal Points for Prekindergarten through Grade 8 Mathematics: A Quest for Coherence)」와 2009년에 발간한 「고등학교 수학의 초점 : 추론과 이해(Focus in High School Mathematics: Reasoning and Sense Making)」의 정신에 따라 학교 수학 교육과정에 집중하였습니다. 필수 이해 시리즈는 학생들을 가르칠 때 도움이 될 수 있도록, 특정 수학 주제에 대하여 개인의 지식을 넓히고 질을 향상시키기 위해 수학적으로 사고하고 싶은 교사와 동료를 위한 자료입니다. 각 책의 주제는 학생들은 배우기 어렵고, 교사는 가르치기 힘들며, 학생들이 학습자로서의 성공과 그들의 미래의 삶과 진로에 매우 중요한 역할을 할 수 있는 수학적 영역을 다루고 있습니다.

교사로서, 연구자로서 그리고 수학자로서의 자신들의 경험에 기반을 두고 저자들은 각 책의 주제에 중심이 되는 핵심 아이디어를 설명하고 있습니다. 필수 이해—주제의 본질을 포착하는 수학적 관점—가 모여서 각각의 핵심 아이디어를 이룹니다. 종합적으로, 핵심 아이디어와 필수 이해는 집중적이고 연결되며 유용한 수학적 관점을 교사들에게 제공합니다. 학생들이 학교수학에서 선수 학습이나 후속 학습으로 배우게 되는 주제를 교수 및 평가와 연결시켜 주는 것은 교사의 수학에 대한 필수 이해의 관련성과 중요성을 설명해 줍니다.

이 시리즈를 만들 수 있게 도와준 모든 사람들에게 이사회를 대신하여 진심으로 감사를 표합니다. 특별히 시리즈의 편집자로서 리더십을 발휘한 Rose Mary Zbiek에게 감사의 뜻을 전합니다. 필수 이해 프로젝트 팀과 함께 이 책들을 접하는 여러분을 환영하며, 여러분이 앞으로도 수학을 배우고 가르치는 것에 대하여 오랫동안 즐길 수 있기를 바랍니다.

Henry Kepner
회장, 2008-2010
미국수학교사협의회

머리말

유아·유치원부터 12학년까지, 수학과 교육과정은 학생들의 발달에 중심이 되는 중요한 주제들을 포함하고 있다. 이 주제들을 이해한 학생들은 새로운 수학 분야로 자연스럽게 넘어가며 자신감을 가지고 계속 발전해 가게 된다.

그러나 이 주제들 중 많은 부분은 전통적으로 배우거나 가르치기가 어려웠으며, 학생들의 발달을 점검하기 위한 문지기로서의 역할을 하기보다는 장애물 역할을 하는 것으로 증명되었다. 이러한 주제들에 대하여 기초를 단단히 다지지 못한 학생들은 수학이나 관련된 교과목에서 후속 학습을 할 때 대개 가속도를 내지 못하고 활동을 해 나가는 데 어려움을 겪는다.

「필수 이해 시리즈」는 모든 단계에서 이런 주제들을 분석했다. 학생들에게 이런 주제들을 가르치는 교사들은 학생들이 수학적 성취를 이루는 데 중요한 역할을 한다. 이 시리즈의 각 책은 여러분처럼 단지 유능함을 넘어서 교실에서 훌륭한 교사가 되고 싶은 사람들에게 학생들이 꾸준히 수학적으로 발달할 수 있도록 한 가지 또는 더 많은 주제들에 대하여 이해를 풍부히 할 수 있도록 돕는다.

얼마나 알아야 하는가?

이러한 어려운 주제들을 효과적으로 가르치기 위해서는 폭넓고 깊은 수학적 이해에 관심을 가져야 한다. 그런데 어려운 것은 학생들이 알고 배워야 할 것이라고 기대하는 것 이상으로 교사는 그 주제들에 대해 더 많이 알아야 한다는 것이다.

왜 그렇게 광범위한 지식이 필요한 것인가? 왜 가르쳐야 하는지에 대한 것과 학생들이 알아야하는 것 이상의 지식이여야 하는가? 이 질문에 대한 답은 많은 요소로 설명할 수 있다.

학생들에게 성공적인 학습경험이 되도록 계획하기 위해서는 다양한 모델과 표현을 이해해야 하며, 어떠한 경우에는 교육과정을 평가하고 수업을 계획하면서 여러 기술들을 익혀야 할 때도 있다. 교사는 과제들을 선택하고 실행하면서 무엇을 강조해야하는지 알아야 하며 그것들이 수학적으로 왜 중요한지도 알아야한다.

교사는 수업하면서 학생들이 당혹해 할 것을 예상해야 하고, 학생들이 그러한 함정을 피해갈 수 있도록 도와줘야 하며, 오개념을 인지하고 바로 잡아야 한다. 또한 예측하지 못한 수업 상황들을 활용하여 다양한 수학 주제들을 연계하여야 한다. 만약 평가에서 학생들이 수업에서 다룬 내용을 잘 이해하지 못한 것으로 나타난다면, 학생들이 이해하지 못한 부분을 어떻게 설명할 것인지 알아야 한다. 한 번에 알아듣지 못하는 학생들을 위해 다양한 방법으로 수학을 묘사하도록 다양한 방면에 대해 충분히 이해해야 한다. 또한, 전체 수학 교육과정에 비추어 그 주제가 어디에 연계되는지 알아야 한다. 그리고 학생들의 생각이 어디에서부터 오며, 추후 학습에서는 학생들이 수학적으로 어디로 향해 나아갈지도 알아야 한다.

이러한 일들을 수학적으로 수행하는 것이 무리한 요구로 들릴 수도 있다. 그러나 교사가 폭넓게 수학적으로 이해해야 학생들을 잘 인도하고 학생들이 순조롭게 학습할 수 있도록 다양하게 지도할 수 있게 된다.

「필수 이해 시리즈」가 어떤 도움이 되는가?

「필수 이해 시리즈」는 여러분이 지도하는 내용에 대한 지식을 강화시키도록 수학에 대하여 철저히 점검할 수 있는 기회를 제공한다. 이 책들은 학생들에게 사용할 수 있는 자료를 직접적으로 제공하지도 않을 뿐더러, 학급 관리나 가르치는 방식, 또는 평가 기법들을 다루지도 않는다. 그 대신 이 책들은 수학적 내용에 관한 주제들, 즉 수업을 준비할 때 필요한 아이디어와 이해, 수업 지도, 학생들과의 일대일 상호작용, 그리고 평가에 대해 집중적으로 다룬다.

저자들이 주제에 어떻게 접근하고 있는가?

저자들은 각 주제에 대해 "핵심 아이디어(big ideas)"와 "필수 이해(essential understandings)"로 구분하고 있다. 핵심 아이디어는 하나의 수학적인 주제에 중심이 되고 비교적 작으면서 많은 수학적 아이디어들을 묶어 일관성 있게 하나로 연결하는 광범위한 개념의 중요한 수학적 진술이다. 이 책에서 각각의 핵심 아이디어들과 관련된 비교적 작고 구체적인 주제들을 **필수 이해**라고 부른다. 저자들은 핵심 아이디어들의 특징적인 측면들을 부각하고 이에 대한 풍부한 증거를 제공한다.

핵심 아이디어들은 수학에 있어 매우 큰 가치를 가지고 있다. 서로 관련된 필수 이해들을 꾸준히 연구함으로써 매우 압축된 진술문의 힘과 가치를 느낄 수 있을 것이다. 다수의 이런 작은 개념들을 완벽히 이해하고 이를 통해 핵심 아이디어들에 접근하는 것은 여러분의 지적 자산과 수업의 가능성들을 상당히 증대시켜 줄 것이다.

교사의 역할 중의 하나로 수학적 아이디어를 연구하면서, 여러분은 아마도 이런 필수 이해들이 학생들에게 어려운 주제들 중 하나를 제시하기 위하여 교사에게 필요한 이해의 핵심이라는 것을 알아차렸을 것이다. 이런 필수 이해라는 수학적 조각들이 모여 핵심 아이디어를 구성하기 때문에 이를 잘 아는 것이 매우 중요하다.

이 책들은 어떻게 구성되어 있는가?

「필수 이해 시리즈」의 모든 책들은 같은 구조를 가지고 있다.

- 서론에서는 개요와 특정 주제들을 선정한 이유들을 설명하며, 교사들과 학생들이 알아야 하는 것의 몇 가지 차이점들을 강조한다.
- 1장은 이 책의 핵심이며, 핵심 아이디어들과 그에 관련된 필수 이해들을 구분하여 검토하였다.

- 2장에서는 1장에서 다룬 개념들을 각 학년에서 나오는 수학적 개념들이나 학생들이 선수나 후속으로 수학을 공부할 때 마주칠 다른 수학적 개념들과의 관련성을 고려하여 살펴본다.
- 3장에서는 개념들을 다루면서 나온 주제들에 관련된 필수적인 개념들을 이해하는 데 겪는 학생들의 어려움들을 다루는 것으로 마무리 짓는다. 그리고 학생들의 사고 발달을 분석하고, 학생들의 이해도를 평가하며, 그들에게 주제들을 제시할 수 있게 안내한다.

1장에는 핵심 아이디어들과 필수 이해들을 논의하는 가운데 "생각해보기"라고 분류된 질문들을 군데군데 넣었다. 읽으면서 잠시 멈춰 이것들에 대해 스스로 생각해 보거나 동료들과 논의해보는 것이 중요하다. 자료들에 이러한 방식으로 접근하는 것은 이 책을 읽는 경험을 참여적이고 상호적이며 역동적이게 할 수 있을 것이다.

생각해보기 질문들은 같은 지역 교사들이나 온라인상에 연결된 같은 학군의 교사들, 그리고 나아가 시 전체의 교사들과의 대화의 주제가 될 수 있을 것이다. 그러므로 이 생각해보기 질문들과 관련해서는 교사들이나 예비교사들이 개인이나 집단으로 대학 수업 혹은 그 이후에 공식적 또는 비공식적 경험을 위한 도구로써 이 책을 사용하는 경우가 더 많아지도록 할 것이다.

새로운 관점

「필수 이해 시리즈」는 교사에게 폭넓고 깊은 수학적 이해를 지원함으로써 학생들이 다양한 방법으로 도움을 받을 수 있게 하기 위한 것이다. 논의되는 수학과, 교육과정 상 학생들이 이전과 이후에 배우게 될 수학의 관련성을 고려함으로써 이 책은 흔치 않은 깊이와 학교수학의 수직적 연계성에 대한 통찰력을 제공한다.

이 시리즈는 「학교수학을 위한 원리와 규준(Principles and Standards for School Mathematics)」(NCTM, 2000), 「유아·유치원에서 8학년까지의 교육과정 초점 사항: 추론과 이해(Curriculum Focal Points for Prekindergarten through Grade 8 Mathematics: Reasoning and Sense Making)」(NCTM, 2009), 그리고 「내비게이션(Navigations) 시리즈」(NCTM, 2001~2009)의 배경과 대비하여 진술하고 있다. 이 새로운 책들은 내용-기반 교사의 전문성 발달의 기회를 제공하는 데 중요한 역할을 한다.

다른 출판물들은 차례차례 새로운 책에 살을 붙이고 질을 높이는 데 사용할 수 있다. 이 책을 읽은 후에, 예를 들어, 학생들이 「필수 이해 시리즈」에서 논의된 주제들에 대한 통찰력을 기르도록 직접적으로 할 수 있는 규준 기반 활동들을 「내비게이션 시리즈」에서 골라낼 수도 있을 것이다. 만약 유아·유치원에서 8학년까지를 가르친다면, 「교육과정 핵심 사항(Curriculum Focal Points)」에서 제시한 3가지 중점들을 이용해 여러분의 심층적인 이해를 접목시켜 제시할 자료를 가지고 학생들의 수준에 맞추어 안내할 수 있을 것이다. 그리고 9학년에서 12학년 학생들을 가르친다면, 「고등학교 수학의 초점(Focus in High School Mathematics)」에 나와 있는 것처럼 여러분이 이해한 것을 이용하여 학생들이 수학적 증명이나 이해를 형성할 수 있는 방법들을 풍부하게 할 수도 있을 것이다.

질 높은 이해는 새로운 관점을 제공하며 가르치는 데 있어 새로운 에너지를 불어 넣는다. 우리는 여러분이 이 책을 읽으면서 습득한 이해가 학생들이 그들의 수학적 성공을 확신시켜 주는 주제들을 완벽히 이해하도록 돕는 것을 지원해줄 수 있기를 소망한다.

저자들은 이 책을 준비하는 과정에서 유용한 공헌을 해 준 Deborah Schifter에게 감사를 표한다. 또한 초기 버전에 대해 사려 깊은 검토를 해 준 Joanne Rossi Becker, Barbara M. Brizuela, John Lannin, Christina Nugent, Walter Seaman에게 감사를 표한다.

서론

이 책은 대수적 사고(algebraic thinking)에 대한 아이디어에 초점을 맞추고 있다. 이러한 아이디어는 3~5학년의 수학을 효과적으로 가르치기 위해 교사가 충분히 이해해야 하고 유연하게 사용할 수 있어야 하는 것이다. 이 책은 초등학교 교육과정에서 주로 다루는 여러 가지 수학적 아이디어에 대해 논의하며, 교사는 자신의 학생들이 학습할 수학을 깊이 있게 탐구하고 그 이상으로 확장하도록 스스로에게 동기를 부여한 다양한 수학 경험을 가지고 있다고 가정한다.

이 책은 교사가 이러한 아이디어에 참여할 수 있도록 설계되었고, 대수적 사고의 복잡성을 반영하여 수업을 계획하고 실행하며 학생들의 학습을 평가하도록 이끄는 이해를 교사가 개발할 수 있도록 도와줄 것이다. 대수적 사고에 관한 아이디어를 깊고 풍부하게 이해하는 것은 학생들이 학교수학의 경험 전반에 걸쳐 접하였고 앞으로도 지속적으로 접하게 될 수학에 이러한 아이디어가 어떻게 스며들어 있는지를 보여줌으로써, 그 영향력과 범위에 대해 학생들과 소통할 수 있도록 해 준다.

이러한 연구로부터 교사가 얻게 되는 대수적 사고에 관한 이해는 「학교수학을 위한 원리와 규준」(NCTM, 2000)에 제시된 비전을 뒷받침한다. "모든 학생이 높은 수준의 흥미로운 수학 수업에 참여하는 교실, 학교 또는 학군을 상상하자(p. 3)." 이 비전의 성취는 "전문가로 끊임없이 성장하고 있고(p. 3)", 수학을 이해하며 학습하도록 도울 수 있는 의미 있는 경험에 학생을 일상적으로 참여시키는 교사에게 달려있다.

왜 대수적 사고인가?

NCTM의 「필수 이해 시리즈」의 모든 책에 제시된 주제와 마찬가지로, 대수적 사고는 학생의 학습에 있어서 대단히 중요하지만, 교사가 가르치기에는 도전적인 학교수학의 주요 영역이다. 3~5학년 학생들이 이후의 수학 학습에서 성공하기 위해서는 대수적으로 사고할 수 있는 기회가 제공되어야 하며, 이 때 대수적으로 사고한다는 것은 양 사이의 관계를 일반화하고, 일반화를 표현하며 정당화할 뿐만 아니라 다양한 표현으로 나타낸 일반화를 가지고 추론하는 것을 포함한다. 학생들은 종종 대수적인 사고 양상(aspects)에서 어려움을 겪는데, 그것은 학생들의 능력이 부족해서가 아니라, 중요한 사고 기술을 신장하는 데 충분한 경험과 시간이 필요하기 때문이다. 예를 들어, $37 \times 18 = __ \times 37$과 같은 등식을 해결하는 것은 수학 활동에서 중요하지만, 곱셈의 교환 법칙에 따라 해결방법을 추론하기 위해서 등식의 구조를 인지하고 활용하는 것 또한 중요하다. 게다가 많은 학생들은 이러한 과제에서 등호를 두 양이 같다는 것을 나타내는 기호로 이해하는 것이 아니라 단지 계산을 수행하라는 기호로 이해한다. 연산이 어떻게 대수적 사고를 위한 맥락을 제공할 수 있는지를 이해하는 것과 학생들이 어떻게 연산의 기본 성질들을 일반화하고 동치에 대한 이해를 발전시키는지를 이해하는 것은 3~5학년의 교사들이 이러한 특정한 대수적인 사고 양상을 잘 이해하기 위해서 필수적이다.

3~5학년의 수학교사로서 해야 할 일은 교사, 학교, 학군 및 해당 주의 교육과정에서 학생들이 대수적 사고에 관해 학습하기를 기대하는 수학을 견고하게 이해하는 것이다. 또한 교사는 이러한 수학이 실제 수업에서, 현 학년과 앞으로의 학년에서 학생들이 배울 다른 수학적 아이디어와 어떻게 관련되는지 알아야 한다. 풍부한 수학적 이해는 수업에서 과제 선정하기, 질문하기, 자료 선택하기, 시간에 따라 주제와 아이디어 순서 짓기, 학생 활동의 질을 평가하기, 학생의 사고를 자극하고 도울 수 있는 방법 고안하기와 같이 교사가 해야 하는 많은 부분에서 교사의 의사결정을 안내한다.

대수적 사고를 이해하기

교사가 수학을 가르치는 이유는 다른 사람들이 학교, 직장, 삶에서 성공하고 만족할 수 있는 방법으로 수학을 이해하기를 바라기 때문이다. 교사는 학생들이 대수적 사고에 대해 탄탄하고 지속적인 이해를 개발하도록 돕기 위해 수학을 깊이 있게 이해해야 한다. 그렇다면 이것은 무엇을 의미하는가?

대수적 사고와 같은 수학 영역을 이해한다는 것이 어떠한 사실을 알고, 특정한 유형의 문제를 해결할 수 있으며 관련된 어휘에 능통하다는 것으로 생각하기 쉽다. 예를 들어, 초등학교 고학년 교사는 "어떤 범자연수와 1의 곱은 그 범자연수이다."와 같은 사실을 알고 있을 것이다. 미지수 1개가 있는 등식에 관한 문제를 해결하거나 큰 수 또는 분수 및 소수로 표현된 수를 능숙하게 계산할 수도 있을 것이다. 또한 교사는 **덧셈의 항등원**, **교환법칙**, **등식**, **함수**, **해결 방법**과 같은 수학적 어휘들을 알고 있을 것이다.

물론 특정한 유형의 문제를 해결하기 위한 사실, 어휘, 테크닉이 교사가 대수적 사고에 관하여 알고 있을 것이라 기대하는 전부는 아니다. 예를 들어, 교사는 학생과의 활동에서 덧셈, 뺄셈, 곱셈, 나눗셈의 공통 알고리즘을 알고 있어야 할 뿐만 아니라, 학생들이 고안한 전략을 이해하고 평가하며 정당화할 수도 있어야 한다.

3~5학년의 모든 수학교사들이 대수적 사고에 대해 알고 있어야 하고, 가르쳐야 하는 수학적 아이디어의 매우 긴 목록에 초점을 맞추는 것은 쉽다. 교육과정 개발자들은 종종 그러한 목록을 개발하고 제시한다. 하지만, 개별적인 항목들이 중요할 수 있어도 이러한 목록들은 주제에 대한 풍부한 이해의 본질을 담아낼 수 없다. 대수적 사고를 심도 있게 이해하기 위해서는 중요한 수학적 아이디어를 아는 것뿐만 아니라 어떻게 이러한 아이디어들이 서로 관련되는지 인식해야 한다. 교사의 이해는 새로운 아이디어를 수용하고 익숙한 아이디어를 새롭게 연결하는 경험과 기회를 통해 계속 성장해 나간다.

뿐만 아니라 대수적 사고에 대한 교사의 이해는 학생에게 지도해야 할 내용을 뛰어넘어야 한다. 교사가 알아야 하는 것과 학생들이 학습하기를 기대하는 것 사이의 차이점 중 일부는 쉽게 설명할 수 있다. 예를 들어, 교사는 학생들이 나중에 다루게 되지만 아직은 이해하지 못하는 주제인 독립변수와 종속변수, 함수의 여러 가지 유형 등에 대해서도 이해해야 한다.

교사가 알아야 하는 이해와 학생들이 학습하기를 기대하는 이해 사이의 또 다른 차이점은 덜 명확하지만, 교사는 교실에서 겪는 경험을 통해 그 차이점을 어느 정도 알게 된다. 예를 들어, "2개의 홀수를 더하면, 항상 짝수가 되나요?"와 같은 학생의 예기치 못한 일반화나 주장의 가치를 알아볼 수 있도록 대수적 사고를 이해하는 것에 대하여 얼마나 많이 고마움을 느꼈는가? 또한 지식이 부족하여 그러한 기회를 놓치거나 충분한 이점을 활용하지 못하고 실패할 수도 있다는 것에 대해 얼마나 많이 생각해왔는가?

교사가 거의 확실히 알고 있듯이, 교실에서는 친숙한 수학을 알고 할 수 있는 것만으로는 충분하지 않다. 교사도 새로운 주장을 밝혀내고 정당화하거나 반박할 수 있어야 한다. 이러한 주장과 정당화를 하기 위해서는 학생의 수학 경험과 현행 교육과정 상의 기대수준을 능가하는 아이디어나 기법을 필요로 할 수도 있다. 예를 들어, 교사는 "작은 수에서 큰 수를 뺄 수 없다. 따라서 $5-8$은 3이 되어야 한다."와 같은 잘못된 주장을 반박할 수 있어야 한다. 또는 필드의 길이를 측정하는 과정에서 피트의 수를 f, 야드의 수를 y로 나타낸 학생에게, 사람들이 "1야드는 3피트이다."라고 말은 하지만, 왜 $y=3f$가 거짓인지도 설명할 수 있어야 한다.

핵심 아이디어와 필수 이해

대수적 사고에 대한 이해를 풍부하게 해 주는 많은 특정한 아이디어에 대하여 생각하는 것은 부담스러운 과제일 수 있다. 그러한 수학적 아이디어 전부와 그 사이의 연결성을 설명하기 위해서는 여러 권의 책이 필요할 것이다. 저자들은 이 책에 어떤 아이디어를 포함시킬지 결정하기 위하여 핵심적인 질문을 고려했다. 효과적인 수업을 위해 3~5학년을 가르치는 수학교사들이 대수적 사고에 대해 **필수적으로** 알아야 하는 것은 무엇인가? 이 질문에 대답하기 위하여 저자들은 다양한 자료를 수집했는데, 여기에는 수학 학습 및 교수에 관한 연구, 수학 및 수학 교육 분야 동료들의 전문 지식, 검토위원 및 전문성 개발자의 반응, 교육과정 자료에서의 아이디어뿐만 아니라 개인적인 경험까지 포함된다.

그 결과, 이 책의 수학 내용은 대수적 사고에 대해 교사들이 필수적으로 알아야 할 내용에 초점을 맞춘다. 특히 1장은 이러한 수학의 중요한 영역과 관련된 5가지 핵심 아이디어를 중심으로 정리되어 있다. 각각의 핵심 아이디어는 이 책에서 **필수 이해**라 부르는 더 작고, 보다 구체적인 수학적 아이디어에 의해 뒷받침된다.

교수, 학습, 평가를 위한 이점

대수적 사고를 이해하는 것은 교사가 「학교수학을 위한 원리와 규준」에 명시된 교수 원리를 실행하는 데 도움이 된다. 이 원리는 수업을 위한 상위 규준을 정한다.

> 수학을 효과적으로 가르치려면, 학생들이 무엇을 알고 있으며 어떤 것을 학습할 필요가 있는지에 대해 이해하여야 하며 학생들이 수학을 잘 학습할 수 있도록 격려하고 뒷받침해야 한다(NCTM, 2000, p. 16).

수학에서 다른 중요한 주제를 가르치는 것과 같이, 대수적 사고를 가르치기 위해서는 "일반적인 예비 수학 과정에서 대부분의 교사들이 경험하는 것을 뛰어 넘는(p. 17)" 지식이 필요하다.

1장은 이러한 관점에서 대수적 사고에 대한 개요를 제공한다. 이는 이 주제에 관해 교사가 지금껏 접해왔을 여러 가지 논의보다 더욱 집중적이고 포괄적이다. 이 장은 교사의 이해를 보완하고 강화하기 위한 목적으로 대수적 사고와 관련된 핵심 아이디어와 필수 이해를 열거하고 설명하며 그에 대한 예를 제공한다. 따라서 1장의 목적은 교사가 학생들에게 대수적 사고를 탄탄하게 학습하게하기 위해 필요한 지지와 도전을 제공하면서 교수 원리를 충분히 실행할 수 있도록 준비시키는 것이다.

이러한 방식으로 교사의 이해를 통합하는 것은 「원리와 규준」에 드러난 학습 원리를 실행하도록 교사를 준비시키기도 한다.

> 학생들은 경험과 이전의 지식을 바탕으로 새로운 지식을 능동적으로 구성함으로써 수학을 이해하면서 학습해야 한다(NCTM, 2000, p. 20).

학생들이 이러한 방식으로 대수적 사고를 학습하도록 돕기 위한 교사의 노력을 지지하기 위하여, 2장은 핵심 아이디어와 필수 이해를 학생들이 학교에서 통상적으로 직면하는 수학과 연결되는 구체적인 방법을 보여줌으로써 1장에서 제시한 대수적 사고에 대한 이해를 기반으로 한다. 이 장은 학생들이 대수적 사고를 학습할 때 장기적인 연결을 강조함으로써 학습 원리를 뒷받침한다. 예를 들어, 학생들의 수학 경험이 확장됨에 따라, 산술과 대수 사이의 연결에 대한 이해가 점진적으로 발달되고 수와 연산에 대한 일반화를 가지고 추론하는 데 유창해진다.

1장과 2장에서 제시하는 이해는 교수의 또 다른 중요한 영역을 강화시킬 수 있다. 3장에서 이러한 영역을 다루는데 1장과 2장을 기반으로 하여 학생이 가지고 있는 변수, 등호, 산술에 내재된 대수적 아이디어, 함수, 등식과 부등식에 대한 이해를 평가하기 위하여 적절한 과제, 기술, 도구를 선정하고 개발하는 데 대수적 사고에 대한 이해가 어떻게 도움이 되는지 보여준다. 대수적 사고에 관한 핵심 아이디어와 필수 이해는 그 아이디어를 가지고 학생의 과거와 미래의 경험을 이해하면서 강화되고 교사로 하여금 교실에서 이루어지는 평가가 유의미한 수학 학습을 돕는다는 것을 확신하게 하는 데 도움이 될 수 있다.

그러한 평가는 「원리와 규준」에 제시된 평가 원리의 첫 번째 조건을 만족시킨다.

> 평가는 중요한 수학의 학습을 뒷받침해야 하며 교사와 학생 모두에게 유용한 정보를 제공해야 한다(NCTM, 2000, p. 22).

또한 교사가 대수적 사고를 이해함으로써 학생들이 생각하고 있는 것과 이해하는 것에 대한 구체적인 정보를 제공하는 평가 과제를 개발할 수 있게 하고, 이는 평가 원리의 두 번째 조건을 만족시키는 데 도움이 될 수 있다. 예를 들어, 3+4= __+5와 같은 과제는 같은 양을 나타내기 위한 등식과 기호 사용을 학생들이 어떻게 이해하는지에 대한 중요한 정보를 제공한다. 또한 "3+4=7+5는 참인 등식입니까?"에 대한 학생의 반응은 계산을 위하여 친숙한 기호를 사용하는 것 이상으로, 학생들이 등호와 등식을 어떻게 이해하는지에 관한 많은 것을 보여줄 수 있다.

시작할 준비하기

서론은 1장에서 접하고 탐구하게 될 대수적 사고에 관한 핵심 아이디어와 필수 이해에 교사를 준비시키면서 그 배경을 제시하였다. 각 장을 순서대로 읽는 것이 이 책에 접근하는 매우 유용한 방식이 될 것이다. 1장은 생각하는 시간을 가지고 한 번 이상 읽어보기를 권한다. 대수적 사고와 관련된 핵심 아이디어와 필수 이해의 아이디어를 받아들인 후 이러한 아이디어 사이의 연결을 알아볼 수 있다. 그런 다음 새롭게 이해한 것이나 견고하게 이해된 것을 가지고 2장으로 넘어가면, 대수적 사고에 관한 아이디어가 학생들이 학교에서 이전에 직면했거나 이후에 직면하게 될 수학에 어떻게 연결되는지 이해하도록 안내할 것이다. 그 다음 3장에서 교수, 학습 및 평가에 관한 내용을 읽어볼 수 있다.

대안적으로 1장과 2장의 수학적 아이디어를 읽기 전에 3장을 먼저 살펴볼 수도 있다. 교수, 학습 및 평가의 도전을 분명히 염두에 두고, 그것들에 대한 가능한 접근 방법과 더불어, 1장과 2장의 자료에 대한 다른 관점을 제시할 수 있다.

이 책을 어떻게 읽던지 간에, 대수적 사고에 대한 교사의 이해, 적용, 그리고 즐거움을 확장하는 데 도움이 되기를 바란다.

제1장

초기 대수 : 핵심 아이디어와 필수 이해

"초등학교에서 그리고 그 이후의 과정에서 성공하도록 돕기 위하여 학생들에게 필수적으로 가르쳐야 하는 수학 내용은 무엇인가?"라는 질문에 어떻게 답하겠는가? 아마도 첫 번째 대답으로 대수를 말하지는 않을 것이다. 하지만 최근에는, 어린 학생들이 이후의 학교 과정에서 수학적으로 성공할 수 있도록 돕고 궁극적으로 21세기 핵심적인 기술 영역에서의 여러 가지 직업에 학생들을 접근시키기 위하여, 초등학교 과정에서의 대수를 필수적인 것으로 보게 되었다. [생각해보기 1.1]에 제시된 질문을 살펴보자.

생각해보기 1.1

대수를 어떻게 정의하겠습니까?
대수의 필수적인 요소가 될 수 있는 것들을 목록으로 작성해보시오.

역사적으로, 대수는 고등학교나 중학교에서 독립된 주제로 다루는 것이 수학을 가르치는 일반적인 접근이었다. 때문에 초등학교 교사들은 대수를 가르치지 않았으며, 알 필요도 없었다. 하지만 일반 고등학교의 대수 수업에서 학생들이 겪는 어려움과 높은 실패율로 인해 학교수학에서 대수의 게이트키핑(gatekeeping)으로서의 역할과 관련하여, 대수를 다루는 전통적인 방식에 관해 중요한 의문이 제기되었다. 대수를 유아·유치원부터 12학년까지 통합하자는 주장은 기존의 접근 방식에서는 부족했던 대수 학습에 대한 일관성과 깊이를 제공할 수 있다. Kilpatrick, Swafford, 그리고 Findell (2001)은 이러한 대수 지도 방식을 옹호하면서 다음과 같이 설명하였다.

> 대수에 대한 학습을 과목 안에서 형식적인 과정으로 시작할 필요는 없다. 최근 이에 대한 연구와 개발에 대한 노력이 장려되고 있다. 대수적 추론의 발달을 위하여 초등학교와 중학교 교육과정에서 적용할 수 있는 방법에 초점을 맞춤으로써, 이러한 노력은 많은 학생들이 현재 경험하는 어려움에서 벗어나 중등학교 수학을 위한 더욱 견고한 토대를 다질 수 있도록 돕는다.(p. 280)

이 책에서, 학생들의 예는 초등학교 모든 학년의 교실에서 가져왔으며 모든 이름은 익명이다.

이러한 대수에 관한 관점의 변화와 더불어, 「학교수학을 위한 원리와 규준」(NCTM, 2000)은 대수의 교수·학습에 대한 장기적인 접근을 위하여 로드맵(road map)을 제공하였다. 좀 더 최근에 「유아·유치원에서 8학년까지의 수학을 위한 교육과정 초점 사항: 일관성을 위한 요구」(NCTM, 2006)와 「수학과 공통 핵심 규준」(Common Core State Standards Initiative, 2010)은 어린 학생들이 학습해야하는 핵심적인 아이디어와 대수를 연결함으로써 이러한 접근 방식을 거듭 강조하였다. 이와 같은 많은 노력의 결과, 대수의 핵심 아이디어는 이제 초등학교 교사들이 가르쳐야 하는 수학지식의 필수적인 부분이 되었다.

01 초기 대수를 특징짓기

고등학교까지의 수 년 동안 수학적 추론에서의 일반화하기와 그 역할에 대한 논의는, 「수학적 추론의 필수 이해 : 유아·유치원부터 8학년까지」(Lannin 외, 2011)를 참고하시오.

초등학교에서의 대수나 초기 대수(early algebra)는 무엇을 의미하는가? 그것이 중등에서의 대수와 비슷한 점이나 다른 점은 무엇인가?

초기 대수의 가장 유의미하고 두드러진 특징 가운데 하나는 고등학교의 대수 과목에서 다루는 대수 유형과 유사하지 않다는 것이다. 초기 대수는 대수의 등식을 해결하거나 식을 단순화하기 위한 기술 및 절차와 관련된 변형적 양상에 초점을 두지 않는다. 따라서 형식적 대수에 대한 역사적 기원이 "등식 해결을 위한 일반적인 방식에 대한 연구(NCTM, 2000)"에 있다하더라도, 초기 대수는 대수로 설명할 수 있는 활동에 대하여 조금 더 폭넓은 시각을 제시한다. 곧 살펴보겠지만, 초기 대수는 산술, 함수적 사고, 수학적 모델링, 양적 추론을 이끌어내는 다양한 진입점(points of entry)을 제공한다(Carraher & Schliemann, 2007).

대체적으로, 초기 대수의 핵심은 수학적 아이디어를 일반화하고, 일반화를 다양한 방법으로 표현하고 정당화하며, 일반화를 가지고 추론하는 것이다(Kaput, 2008). NCTM의 「수학 교육과정과 평가를 위한 안내 원리」(Guiding Principles for Mathematics Curriculum와 Assessment, 2009)에 기술된 것처럼, 어떤 수준에서의 대수와 마찬가지로 초기 대수는 "수학적 개념과 아이디어를 탐구, 분석, 표현하고 … 수학적 아이디어와 관계를 일반화하며, 그것을 매우 다양한 수학적인 상황과 비수학적인 상황에 적용해보는 방식이다"(p. 4). 예를 들어, [생각해보기 1.2]를 보자.

[생각해보기 1.2] 참고

생각해보기 1.2

의자와 의자 다리 문제

다리가 4개 있는 의자 몇 개를 가지고 있다고 가정해보시오. 의자의 개수와 그에 대응하는 의자 다리의 개수 사이의 관계를 어떻게 설명할 수 있습니까?

[생각해보기 1.2]에 제시된 문제를 해결할 때 일반화하기라는 수학 활동에 참여한다. 구체적으로 이 과제는 임의의 의자 개수와 그에 대응하는 의자 다리의 개수 사이의 일반적인 관계를 설명하도록 요구한다. 이 관계는 "의자 다리의 개수는 의자 개수의 4배이다."와 같은 진술로 설명할 수 있을 것이다. 이 진술은 임의의 의자 개수에 대하여 두 양이 어떻게 관련되는지 나타내기 때문에 **일반적인** 관계이다. 일반화하기는 수학적 상황에서 구조와 관계를 밝히는 과정이다. 앞의 예에서처럼, 일반화하

> 이 책에서는 변수를 나타내기 위하여 문자 기호(문자)를 사용한다. 몇몇의 연구자들은 초기 대수에서 △와 같은 비문자 기호를 사용하는 것이 오개념으로 이어질 수 있다는 것을 발견하였다. 또한 연구자들은 대부분의 1학년 학생들이 문자를 변수로 사용할 수 있다는 것을 발견하였다.

기는 서로 관련지어 변하는 양 사이의 관계를 밝히는 것일 수 있다. 또한 일반화하기는 연산이 작용하는 방식에 대한 반복적이고 규칙적인 관찰을 토대로 연산의 산술적 구조를 드러내고 표현하는 것을 의미할 수 있다. 예를 들어, 범자연수의 덧셈을 학습한 아동은 더하는 두 수의 순서가 문제되지 않는다는 것, 즉 더하는 두 수의 순서와 상관없이 계산 결과가 같다는 것을 이해할 수 있을 것이다. 과제와 수의 유형에 따라 그 아동은 "짝수와 홀수를 더하면 그 결과는 항상 홀수가 된다."와 같은 또 다른 일반화도 제시할 수 있을 것이다.

나아가 일반화하기는 이러한 활동의 **결과**로써 일반화를 표현하고 나타내는 언어와 동떨어진 것이 아니다. 일반화는 일상언어, 문자를 변수로 사용한 대수 표기법(핵심 아이디어 3에서 자세히 논의), 또는 표와 그래프와 같은 다양한 방법으로 표현된다. 예를 들어, 덧셈의 교환 법칙은 "두 수를 어떠한 순서로도 더할 수 있다."와 같은 진술이나 모든 실수 a와 b에 대하여 $a+b=b+a$와 같은 좀 더 형식적인 표현으로 나타낼 수 있다.

Big idea

핵심 아이디어 3
변수는 간결한 방법으로 수학적 아이디어를 기술하기 위해 사용되는 다목적 도구이다.

[생각해보기 1.2]의 의자와 의자 다리 문제에서 의자의 개수와 의자 다리의 개수 사이의 관계는 "의자 다리의 개수는 의자 개수의 4배이다."로 나타낼 수 있다. 또한 의자의 개수를 c, 다리의 개수를 l이라고 할 때, 기호적으로 $l=4\times c$나 간단히 $l=4c$로 나타낼 수 있다. 이는 함수표나 그래프로도 나타낼 수 있다([그림 1.1] 참고).

c	l
1	4
2	8
3	12
4	16
5	20

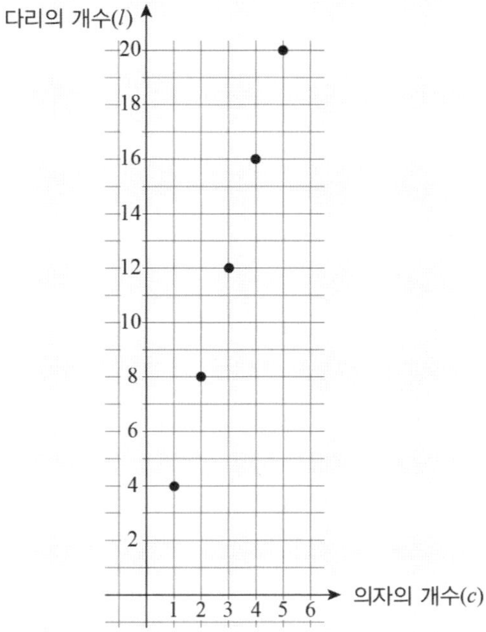

[그림 1.1] 의자의 개수와 의자 다리의 개수 사이의 관계를 나타내는 함수표와 그래프

일반화하기와 일반화 표현하기뿐만 아니라, 초기 대수는 일반화를 산출하는 것을 넘어 일반화 자체를 하나의 대상으로 추론하는 것까지 사고를 확장한다. 이런 측면에서 대수적 사고는 구체적인 수 없이 구조적인 형식을 추론하는 것을 포함한다. 예를 들어, 한 학생은 $b-b=0$이고 $a+0=a$이기 때문에 $a+b-b=a$가 참이 된다고 추론하였다(Carpenter, Franke, & Levi, 2003). 구체적으로 그 학생은 $a+b-b=a$ 형식에서 $3+7-7=3$과 같은 특정한 계산을 고려하기보다, $a+b-b=a$가 참임을 주장하기 위하여 $b-b=0$과 $a+0=a$라는 일반화를 가지고 추론하였다. 한 모둠은 학생들이 이전에 수립한 일반화인 두 홀수의 합은 짝수이고 짝수와 홀수의 합은 홀수가 된다는 것을 이용하여 세 홀수의 합이 홀수가 된다는 것을 추론하였다. 즉 "세 홀수의 합은 홀수가 될 것이다. 왜냐하면 두 홀수를 더하면 짝수가 되고, 홀수와 짝수를 더하면 홀수가 되기 때문이다."와 같은 주장은

특정한 세 개의 홀수를 더하는 것이 아니라 일반화 자체를 하나의 대상으로 보고 추론한 것이다.

02 초등학교 교사를 위하여 대수의 내용 확인하기

NCTM의 「학교수학을 위한 원리와 규준」(2000, p. 37)에서는 유아·유치원부터 12학년을 위한 대수 규준에서 다음의 4가지 관행을 제시한다. 모든 학생들은 다음을 할 수 있어야 한다.

- 패턴, 관계, 함수를 이해하기
- 대수 기호를 사용하여 수학적 상황과 구조를 표현하고 분석하기
- 양적 관계를 표현하고 이해하기 위하여 수학적 모델을 사용하기
- 다양한 맥락에서 변화를 분석하기

이러한 원리는 대수가 의미하는 것과 대수가 취할 수 있는 특정한 형식을 상세히 하는 데 도움이 된다. 또한 최근 연구를 통하여(예, Kaput, Carraher, & Blanton, 2008) 이 책은 조금 더 야심차게 초등학교 교사들을 위해 구체적인 내용을 정의하고 있다.

학생들은 10년 전보다 더욱 강력한 방식으로 수학적으로, 특히 대수적으로 사고할 수 있다. 이는 초등학교 교사들이 알아야 하는 것을 변화시킨다.

그 결과 1장의 목표는 학생들의 대수적 추론과 관련하여 **초등학교 교사들**이 필수적으로 알아야 하는 대수적 사고에 관한 내용을 밝히는 것이다. 이 장에서 논의된 아이디어 중 일부는 학생들이 이해할 수 있을 것이라 생각하지만, 전부 이해할 수는 없을 것이다. 적절한 곳에 이러한 구분을 명확하게 제시하였다. 하지만 초등학교 교사들이 수학적 아이디어에 대하여 더욱 깊은 지식을 갖는 것은 매우 중요하다. 교사들은 적절한 방식

으로 학생들의 사고를 안내하고, 그러한 아이디어가 교사들이 담당하는 학년군 밖에서 어떻게 연결되는지를 이해할 수 있어야 하기 때문이다.

1장은 초등학교 교사들을 위한 대수적 사고에 관한 내용이라는 것을 다시 한 번 강조한다. 이 책은 학생들이 그 내용을 어떻게 이해하고 학습할 것인지에 대한 아이디어나 교사가 그것을 어떻게 가르칠지에 대한 아이디어를 개발하는 것이 아니다. 이 책의 2장과 3장에서 이러한 아이디어의 일부를 간략하게 언급했지만, 그보다는 교사들이 초기 대수의 교수·학습에 관한 상세한 교실 묘사를 위하여 초기 대수와 관련된 풍부한 연구 기반을 탐구하도록 독려하고자 한다.

03 핵심 아이디어와 필수 이해

1장의 핵심 아이디어들은 서로 분리하여 제시하였지만, 핵심 아이디어들이 서로 배타적이라고 생각하지 않기를 바란다. 핵심 아이디어는 교사를 위한 중요한 대수 아이디어를 통합하기 위한 노력을 나타낸다. 이 장에서는 서로 다른 영역과 관련된 5가지 핵심 아이디어에 관한 중요한 지식을 체계화하였다.

① 대수적 사고를 위한 맥락으로서의 산술
② 등식
③ 변수
④ 양적 추론
⑤ 함수적 사고

마지막으로 각각의 영역에 해당하는 대수에 대하여 조금 더 상세히 살펴보았고, 핵심 아이디어가 서로 어떻게 연결되는지에 대하여 간략히 살펴보며 마무리하였다.

이 장의 논의를 구성하고 있는 다섯 가지의 각 핵심 아이디어는 핵심 아이디어보다 작고 구체적인 “필수 이해”를 포함하고 있다. 핵심 아이디어 및 그것과 관련된 모든 필수 이해를 빠르게 검토하고, 그것들을 다시 언급할 때 용이하도록 아래에 하나의 그룹으로 명시하였다. 지금은 다음의 내용들을 주의 깊게 읽어보되, 이 시점에서 완벽하게 이해해야 한다고 생각할 필요는 없다. 앞으로 각각에 대하여 차례대로 상세하게 논의할 것이다.

Big idea

핵심 아이디어 1. 덧셈, 뺄셈, 곱셈, 나눗셈은 산술에서와 같이 대수에서도 같은 성질로 작용한다.

필수 이해 1a. 수와 연산의 기본 성질은 연산이 어떻게 작용하고 서로 관련되는지 결정한다.

필수 이해 1b. 기본 성질은 계산에 필수적이다.

필수 이해 1c. 기본 성질은 다른 전략에 비해 어떤 계산 전략에서 더욱 명확하게 사용된다.

필수 이해 1d. 대수식을 간단히 하는 것은 통찰력 있는 방법으로 양을 분해하는 활동을 수반한다.

필수 이해 1e. 산술에서의 일반화는 기본 성질로부터 유도될 수 있다.

Big idea

핵심 아이디어 2. 두 양이 동치임을 보이기 위하여 등호를 사용하여 나타낸 수학적 진술을 **등식(equation)**이라고 한다.

필수 이해 2a. 등호는 동치 관계를 나타내는 기호이다.

필수 이해 2b. 등식은 실행해야하는 일련의 계산이 아니라 등식 자체로 추론될 수 있다.

필수 이해 2c. 등식은 문제 상황을 표현하기 위하여 사용될 수 있다.

핵심 아이디어 3. 변수는 간결한 방법으로 수학적 아이디어를 기술하기 위해 사용되는 다목적도구이다. Big idea

필수 이해 3a. **변수(variable)**의 의미는 다양한 방법으로 해석될 수 있다.

필수 이해 3b. 변수는 대상 그 자체가 아니라 대상의 측정값이나 양을 나타낸다.

필수 이해 3c. 동일한 방정식에서 한번 이상 사용된 동일한 변수는 모든 경우에 같은 값을 나타내지만, 다른 변수가 같은 값을 나타내기도 한다.

필수 이해 3d. 동일한 변수는 주어진 응용, 문제, 또는 상황에서 한 가지 이상의 역할을 할 수 있다.

필수 이해 3e. 변수는 이산량이나 연속량을 나타낼 수 있다.

핵심 아이디어 4. 양적 추론은 양 사이의 관계를 서술하고 일반화하기 위하여 양 사이의 관계를 확장한다. Big idea

필수 이해 4a. 두 양은 다음의 세 가지 방법 중 한 가지 방법으로 관련된다. ① 두 양이 서로 같다. ② 하나의 양이 다른 양보다 더 크다. ③ 하나의 양이 다른 양보다 더 작다.

필수 이해 4b. 이미 알고 있는 두 양 사이의 관계는 다른 양 사이의 관계를 서술하기 위한 기초가 될 수 있다.

Big idea

핵심 아이디어 5. 함수적 사고는 공변하는 양 사이의 관계를 일반화하기, 이러한 관계를 말, 기호, 표, 또는 그래프로 표현하기, 함수 행동(behavior)을 분석하기 위해 다양한 표현을 가지고 추론하기를 포함한다.

필수 이해 5a. 함수는 두 집합 사이의 특별한 수학적 관계로, **정의역**(domain)이라 불리는 첫 번째 집합의 원소 각각이 **공역**(co-domain)이라 불리는 두 번째 집합의 원소에 유일하게 관련된다.

필수 이해 5b. 함수는 두 양 사이의 공변을 표현하기 위한 도구로 이해될 수 있다.

필수 이해 5c. 동시에 변하는 두 양 사이의 함수적 관계에서 변수는 **독립적**(independent) 또는 **종속적**(dependent)이며 이산량 또는 연속량을 나타낸다.

필수 이해 5d. 함수를 다루는 데 있어, 서로 관련되어 변하는 양 사이에서 재귀적 패턴, 공변 관계, 대응 규칙과 같은 패턴 또는 관계의 여러 가지 중요한 유형이 관찰될 수 있다.

필수 이해 5e. 함수는 말, 기호, 표, 그래프를 포함한 다양한 형식으로 표현될 수 있다.

필수 이해 5f. 서로 다른 유형의 함수는 근본적으로 서로 다른 방식으로 행동하며, 함수 행동에서 변화나 변동을 분석하는 것은 이러한 차이점을 포착하는 하나의 방법이다.

핵심 아이디어 1

대수적 사고를 위한 맥락으로서의 산술

덧셈, 뺄셈, 곱셈, 나눗셈은 산술에서와 같이 대수에서도 같은 성질로 작용한다.

Big idea

전통적으로 산술은 계산의 정확성과 효율성에 초점을 두어 왔다. 이와 대조적으로 대수적 문제 해결의 많은 부분은 연산에 대해 추론하는 것에 초점을 둔다. 산술 수업에서 연산에 대한 추론을 포함하는 것은 가능하며 매우 생산적이다. 연산에 대해 추론할 때, 학생은 연산이 어떻게 작용하는지 설명할 수 있는 일반적인 성질을 학습하게 된다. 3~5학년에서 이러한 일반적인 성질을 이해하는 것은 산술과 대수 학습 모두를 향상시킬 수 있는 대수 내용의 필수적인 측면이다.

「수학과 공통 핵심 규준」은 연산에 관한 추론을 산술 수업에 통합하는 것에 상당한 가치를 부여하여, "연산과 대수적 사고"를 유치원부터 5학년까지 하나의 내용 영역으로 다룬다(Common Core State Standards Initiative, 2010). 연산과 대수적 사고 영역의 구체적인 규준에 제시된 대수적 사고는 핵심 아이디어 1에 포함된다.

1) 기본 성질

필수 이해 1a. 수와 연산의 기본 성질은 연산이 어떻게 작용하고 서로 관련되는지 결정한다.

산술 연산은 [표 1.1]에 제시된 기본 성질(fundamental properties)[1]에 따라 결정되고 서로 관련된다.

[표 1.1]에서는 두 가지를 살펴보는 것이 중요하다. 첫째, 뺄

덧셈과 뺄셈의 역관계에 대한 확장된 토론은 「덧셈과 뺄셈의 필수 이해 : 유아·유치원부터 2학년까지」(Caldwell 외, 2011)를 참고하시오.

셈과 나눗셈 연산이 명시적으로 드러나지 않는다는 점이다. 뺄셈은 덧셈의 역관계로 정의된다. 이러한 관계를 특징짓는 한 가지 방법은 $a+b=c$이면 $c-b=a$라고 말하는 것이다. 예를 들어, $10+(-2)=8$이기 때문에 $8-(-2)=10$이 된다. 유사하게 나눗셈은 곱셈의 역관계로 정의된다. 이 관계는 $a\times b=c$이고 $b\neq 0$이면 $c\div b=a$가 된다고 함으로써 기호적으로 표현될 수 있다. 예를 들어, $16\times\frac{3}{4}=12$이기 때문에 $12\div\frac{3}{4}=16$이 된다. 덧셈과 뺄셈(또는 곱셈과 나눗셈) 사이의 역관계는 대수의 기본이 될 뿐만 아니라 매우 산술적이다.

[표 1.1] 수와 연산의 기본 성질

성질	성질의 표현	실수를 사용한 성질의 예
	덧셈의 성질	
결합 법칙	$(a+b)+c=a+(b+c)$	$(78+25)+75=78+(25+75)$
교환 법칙	$a+b=b+a$	$2+98=98+2$
덧셈에 관한 항등원	$a+0=a$이고 $0+a=a$	$9875+0=9875$
덧셈에 관한 역원	모든 실수 a에 대하여, $a+-a=-a+a=0$인 실수 $-a$가 있다.	$-47+47=0$
	곱셈의 성질	
결합 법칙	$(a\times b)\times c=a\times(b\times c)$	$(32\times 5)\times 2=32\times(5\times 2)$
교환 법칙	$a\times b=b\times a$	$10\times 38=38\times 10$
곱셈에 관한 항등원	$a\times 1=a$이고 $1\times a=a$	$387\times 1=387$
곱셈에 관한 역원	$a\neq 0$인 모든 실수 a에 대하여, $a\times\frac{1}{a}=\frac{1}{a}\times a=1$인 실수 $\frac{1}{a}$이 있다.	$\frac{8}{3}\times\frac{3}{8}=1$
	덧셈에 관한 곱셈의 분배 법칙	
분배 법칙	$a\times(b+c)=a\times b+a\times c$	$7\times(50+2)=7\times 50+7\times 2$

(변수 a, b, c는 실수를 나타냄)

곱셈과 나눗셈의 역관계에 대한 확장된 토론은 「곱셈과 나눗셈의 필수 이해 : 3~5학년까지」(Otto 외, 2011)를 참고하시오.

1) [역자 주] [표 1.1]에 제시된 연산의 기본 성질을 지칭하는 용어에서 'property'를 '성질'로 번역하는 것이 일관성 차원에서 적합하다고 생각되지만, 통상적으로 예를 들어 '결합 성질(associative property)' 보다는 '결합 법칙'이라는 용어가 보편화되어 있으므로 연산의 기본 성질을 결합 법칙(associative property), 교환 법칙(communicative property), 분배 법칙(distributive property)으로 번역하였다.

[표 1.1]에서 두 번째로 중요하게 살펴봐야 할 것은 수와 연산의 기본 성질은 모든 실수에 대하여 참이라는 것이다. 실수 집합은 유리수와 무리수라는 두 가지 유형의 수로 구성된다. 3학년~5학년 학생들이 다루는 수는 대부분 유리수이다. 유리수는 a와 b가 정수이고 b가 0이 아닐 때, $\frac{a}{b}$로 나타낼 수 있는 수이다. 정수는 형식적으로 0을 포함하는 범자연수(whole numbers)와 보통 음수라고 불리는 범자연수 덧셈의 역원으로 이루어진 집합으로 정의된다. 즉 수열 $\{\cdots, -3, -2, -1, 0, 1, 2, 3, \cdots\}$에 해당하는 모든 수가 정수이다. 범자연수는 그 자체가 1로 나누어진 것으로 표현될 수 있기 때문에 유리수는 범자연수를 포함한다. 예를 들어, 5는 $\frac{5}{1}$로 나타낼 수 있다. 이와 달리 무리수는 유리수가 아닌 실수이다. 특히, 무리수는 무한대의 불규칙한 소수로 나타낼 수 있는 수이다. 무리수의 잘 알려진 예에는 $\sqrt{2}$와 π가 있다. 유리수와 다르게 무리수는 두 정수의 몫으로 표현될 수 없다.

유리수 및 유리수와 범자연수의 관계에 대한 확장된 토론은 「유리수의 필수 이해 : 3~5학년까지」 (Barnett-Clarke 외, 2010)를 참고하시오.

2) 대수와 기본 성질

필수 이해 1b. 기본 성질은 계산에 필수적이다.

[표 1.1]에 제시된 기본 성질은 산술과 대수에서 연산이 어떻게 작용하는지를 결정하는 관계이다(기본 성질과 관련된 다른 관계는 다음 장에서 논의된다). 문제를 해결할 때 이러한 관계를 활용한다는 것은 관계적 사고(relational thinking) 전략을 사용할 수 있다는 것이다(Carpenter, Faanke, & Levi, 2003; Empson & Levi, 2011). 가장 기본적인 관계적 사고 전략은 **문제를 해결하기 위하여 성질을** 직관적으로 **사용**하는 것과 관련이 있다. 엘레나가 다음 문제를 어떻게 해결했는지 살펴보자.

> 마르티니크는 구슬 6상자를 가지고 있는데, 각각의 상자에는 구슬이 23개씩 들어있습니다. 마르티니크는 모두 몇 개의 구

슬을 가지고 있습니까?

엘레나는 다음과 같이 문제를 해결했다.

> 나는 구슬의 수를 20과 3으로 할 것이다. 20이 6묶음이면 120이다. 3이 6묶음이면 18이다. 구슬의 수는 120 더하기 18, 즉 138개이다.

엘레나가 다음과 같이 표현하지는 않았지만, 엘레나의 해결 방법에 숨겨진 추론은 다음의 등식[2])으로 표현될 수 있다.

$$6 \times 23 = (6 \times 20) + (6 \times 3)$$

엘레나는 이 문제를 해결하기 위하여 덧셈에 관한 곱셈의 분배 법칙(이후부터 "분배 법칙"으로 축약함)을 직관적으로 이해하여 사용하였다. 왜 이렇게 문제를 풀 수 있는지 묻자, "20씩 먼저 더하고 다음에 3씩을 더하는 것이 더 쉬울 거예요. 23개씩 6개의 상자가 있으니까, 나는 구슬을 모두 더했어요."라고 대답했다.

엘레나의 관계적 사고 전략은 분배 법칙에 대해 어느 정도 이해하고 있다는 것을 드러낸다. 이러한 지식은 산술에 대한 이해를 깊게 하는 데 필수적일 뿐만 아니라, 분배 법칙에 대한 더욱 일반적이고 대수적인 이해를 개발하는 데 중요한 시작점이 될 수 있다. 기본 성질을 다루는 더 복잡한 방식은 **성질에 대한 일반적인 진술이나 일반화를 만드는 것이다.** 몇 달 뒤, 엘레나는 35개씩 8묶음에 관한 문제를 해결하는 데 분배 법칙을 사용하였다. 왜 문제를 그렇게 해결했는지 묻자, 엘레나는 "곱하기를 할 때마다, 한 개의 묶음을 두 부분으로 가른 뒤 한 부분과 다른 부분을 곱하고 다시 합할 수 있어요."라고 말했다. 이러한 진술은 일반화라고 할 수 있는데, 엘레나는 문제에서

---

2) [역자 주] 엘레나의 해결 과정을 곱셈식으로 나타내면, $23 \times 6 = (20 \times 6) + (3 \times 6)$이다. 영어의 어순 때문에 역서에는 승수와 피승수가 바뀌어 있으므로 주의를 요한다.

사용된 구체적인 수에 의존하지 않고 곱셈의 일반적인 과정을 설명하고 있기 때문이다. [생각해보기 1.3]은 이러한 사고에서 한 단계 더 나아간다.

생각해보기 1.3

분배 법칙에 대한 엘레나의 일반적인 진술을 설명할 수 있는 등식을 어떻게 쓸 수 있을까요?

기본 성질에 대한 일반화는 처음에는 보통 비형식적으로, 일상 언어를 사용하여 엘레나와 유사한 방식으로 표현한다. 이러한 표현 형식이 서투를 수도 있지만, 이는 변수를 사용한 일반적인 등식 세우기로 나아가는 중요한 단계이다. 예를 들어 엘레나의 추측을 기호로 나타내면, 실수 a, b, c에 대하여 $a\times(b+c)=(a\times b)+(a\times c)$로 표현할 수 있기 때문이다.

분배 법칙에 대한 위의 기호적 표현은 모든 실수에 대해 참인 반면, 엘레나의 일반화는 대상의 묶음으로 쉽게 생각할 수 있는 곱셈 상황에서만 성립한다. 기본 성질을 대수적으로 이해한다는 것은 이러한 성질이 모든 실수에 적용되는 일반화로 표현된다는 것을 이해하는 것을 포함한다. 또한 그러한 성질을 기호적으로 나타내고, 계산에서 그러한 성질의 사용을 명확하게 파악할 수 있는 것을 포함한다.

> 일반화와 추측의 관계에 대한 설명은 「수학적 추론의 필수 이해 : 유아·유치원부터 ~ 8학년까지」 (Lannin 외, 2011)를 참고하시오.

필수 이해 1b는 산술적 이해와 관련하여, 특히 연산의 기본 성질에 관한 대수적 지식의 중요한 깊이를 기술하였다. 이러한 지식은 비형식적 수준의 추론에서 시작되며, 추론에 사용되는 지식이나 방법에 대한 명확한 지식이 없어도 성질을 사용할 수 있다. 이를 시작으로, 성질에 대한 일반적인 이해와 기본 성질이 어떻게 작용하는지를 다루고, 나아가 기본 성질을 형식적인 대수 표기법(변수, 등식)을 사용하여 어떻게 표현하는지와 모든 실수에 대해서 참이 되는 성질에 대하여 다룬다. 마지막으로 기본 성질은 참이나 거짓으로 증명될 수 있는 다른 산술의 일반화와 달리(필수 이해 1e 참고), 증명하지 않고도 참이 되는 수

> 수와 연산의 기본 성질과 이러한 성질이 계산 전략을 정당화하고 암산을 촉진하는 데 있어서 어떤 역할을 하는지에 대한 논의는 「곱셈과 나눗셈의 필수 이해 : 3~5학년까지」 (Otto 외, 2011) 를 참고하시오.

학적 진술이다. 하지만 학생들이 이러한 성질이 참이 된다는 것을 이해하고 그 성질을 가지고 추론하는 것이 중요하다.

3) 대수적 이해를 심화하기 위하여 계산 사용하기

필수 이해 1c. 기본 성질은 다른 전략에 비해 어떤 계산 전략에서 더욱 명확하게 사용된다.

대부분의 사람들은 계산에 필요한 표준적인 알고리즘을 알고 있다. 하지만 어른과 아이를 막론하여 많은 사람들은 특정한 상황에서 계산을 위해 직관적으로 관계적 사고를 사용한다. 많은 사람들이 직관적으로 계산하는 상황들은 다음과 같다.

- 식당에서 식사비를 어떻게 나눌 지와 얼마의 팁을 남겨야 하는지를 판단할 때
- 출생년도를 사용하여 누군가의 나이를 알아낼 때
- 운행 속력 및 종착지까지의 거리가 제시된 도로 표시판을 바탕으로 도착시각을 예측할 때

일반적으로 이러한 관계적 사고 전략은 명시적으로 학습된 것이 아니라 사람들이 수와 연산이 작용하는 방식에 대하여 이해하는 과정에서 발생하였다.

관계적 사고는 초등학교와 중학교에서 전통적으로 제시되는 많은 문제를 해결하는 데 활용할 수 있다. 다음 문제를 살펴보자.

$$15 \times 6\frac{4}{5} = p$$

아르민은 다음과 같이 추론하여 문제를 해결했다.

$\frac{4}{5}$의 15배를 하는 것은 쉽다. 5는 15의 약수니까 답은 범자연수가 될 것이다. 따라서 나는 먼저 $\frac{4}{5}$의 15배를

할 것이다. 4의 15배는 60이기 때문에 $\frac{4}{5}$의 15배는 $\frac{60}{5}$이고 이것은 12와 같다. 이제 6을 15배만하면 되고, 이것은 90이며 12에 더하면, 90 더하기 12는 102가 된다.

아르민의 해결방법은 형식적인 수학 표기법을 사용하여 다음과 같이 표현될 수 있다.

$$\begin{aligned} 15 \times 6\frac{4}{5} &= 15 \times \left(\frac{4}{5} + 6\right) \\ &= \left(15 \times \frac{4}{5}\right) + (15 \times 6) \\ &= \frac{60}{5} + (15 \times 6) = 12 + 90 \\ &= 102 \end{aligned}$$

아르민의 해결 방법은 분배 법칙이 바탕이 되는데, 이것은 다음 부분을 추론하는 데 기초가 된다.

$$15 \times \left(\frac{4}{5} + 6\right) = \left(15 \times \frac{4}{5}\right) + (15 \times 6)$$

표준 알고리즘은 계산을 빠르고 정확하게 할 수 있는 절차를 제공하기 위해 수백 년 동안 발전해왔다. 이러한 알고리즘은 기계가 없던 시기에, 또는 언젠가 기본 계산을 수행할 수 있는 기계가 존재할 것이라는 아이디어로 개발되었다. 모든 표준 알고리즘의 기초는 기본 성질이지만, 종종 이러한 성질은 알고리즘 안에 깊이 감추어져 있다. 이와 달리 아르민과 엘레나와 같은 관계적 사고 전략에서는 기본 성질을 확인하기가 용이한데, 이는 사람들이 연산의 작용 방식에 대한 이해를 바탕으로 이러한 절차를 생성하기 때문이다. 계산에서 기본 성질이 어떻게 사용되는지를 이해하고 명확하게 파악할 수 있을 때, 계산은 대수적 사고를 위한 맥락이 될 수 있다. 비록 학생들은 계산할 때 이러한 성질이 사용된다는 것을 명확하게 파악할 수 없을지라도, 교사들은 계산에서 이러한 성질이 어떻게 사용되고 그러한 성질을 어떻게 분명히 파악할 수 있는지 이해해야 한다. 교사들은 성질에 대한 깊이 있는 대수적 이해를 통하여, 학생들이 계산에서 기본 성질을 사용할 때 대수적 사고의 측면에서 생각해볼 수 있도록 도와야 한다.

4) 대수를 위한 기초로서 양을 분해하기

필수 이해 1d. 대수식을 간단히 하는 것은 통찰력 있는 방법으로 양을 분해하는 활동을 수반한다.

'수의 합성과 분해에 대한 통찰' 및 '유아·초등학교 수학의 다른 주제들과 분해와의 연결'에 대한 추가적인 내용은 「수와 기수법의 필수 이해 : 유아·유치원~2학년까지」(Dougherty 외, 2010)를 참고하시오.

엘레나와 아르민의 관계적 사고 전략은 곱셈에 대한 탄탄한 이해뿐만 아니라 통찰력 있는 방법으로 수를 분해하는 능력을 포함한다. 예를 들어, 23씩 6묶음이 포함된 문제를 풀 때, 엘레나는 23을 16과 7로 분해할 수도 있었다. 그랬다면 16씩 6묶음과 7씩 6묶음의 양을 파악한 후, 6과 23의 곱을 구하기 위해 그 수들을 더했을 것이다. 비록 이 방법이 분배 법칙을 타당하게 사용한 것일지라도, 계산이 원래의 방법보다 더 간단해지지 않았기 때문에, 그 문제를 해결하기 위하여 23을 16과 7로 분해하는 방법을 **통찰력 있는** 방법이라고 할 수는 없다.

계산을 할 때 기본 성질을 효율적으로 사용하기 위해서는, 먼저 문제를 분석하여 어떤 성질을 적용할 것인지와 이런 성질들을 효율적으로 적용하기 위해 주어진 수들을 어떻게 분해할 것인지를 결정해야 한다. 예를 들어, $98+55$를 계산하기 위하여, 55는 $2+53$으로 분해하는 것이 타당하며, $98+55$를 $98+2+53$으로 표현할 수 있다. $43+55$를 계산하기 위하여, 43은 $40+3$으로, 55는 $50+5$로 분해하는 것이 적절하므로, $43+55$는 $(40+50)+(3+5)$로 생각할 수 있다. $55\times\frac{1}{5}$을 계산하기 위해서, 아래 식과 같이 나타낼 수 있으며, 이때 55를 인수 11과 5로 분해하는 것이 타당하다.

$$55 \times \frac{1}{5} = (11 \times 5) \times \frac{1}{5} = 11 \times \left(5 \times \frac{1}{5}\right) = 11 \times 1 = 11$$

초등학교 과정을 넘어선, 보다 형식적 대수에서, 학생들은 종종 일반적인 양(general quantities)을 분해하기 위하여 통찰력 있는 방법을 결정해야 한다. 예를 들어, $4x^2 - 4x$라는 양을 분해하는 방법들로 다음 식들을 간단히 정리할 수 있다.

$$\frac{4x^2 - 4x}{x},\ x \neq 0,\ \text{그리고}\ \frac{4x^2 - 4x}{x-1},\ x \neq 1$$

첫 번째 식에서, $4x^2 - 4x$는 $x(4x-4)$로 분해할 수 있으므로 그 식은 $4x - 4$, $x \neq 0$로 정리된다. 두 번째 식에서, $4x^2 - 4x$는 $4x(x-1)$로 분해할 수 있으므로, 그 식은 $4x$, $x \neq 1$로 정리된다. 산술에서 수를 분해하는 통찰력 있는 방법에 대하여 학습하는 것은, 수의 연산에서 '관계'에 관심을 갖도록 하는 것이다. 그것은 또한, 수를 분해하는 과정에서 기본 성질을 사용하는 기능을 개발한다(Empson, Levi, & Carpenter, 2011; Empson & Levi, 2011). 이처럼 구조에 대한 관심과 수가 어떻게 구성되었는지에 대한 관심은 초등학교 이후의 대수 학습에서 대수식을 분해하기 위한 통찰력 있는 방법을 결정하기 위한 중요한 토대를 제공한다.

5) 일반화를 신장하기 위한 다른 산술적 기회

필수 이해 1e. 산술에서의 일반화는 기본 성질로부터 유도될 수 있다.

기본 성질로부터 유도된 일반화는 대수적 사고를 위한 풍부한 상황을 제공할 수 있다. 이브가 주어진 수에서 고정된 양을 더하거나 빼는 것과 관련된 일반화를 어떻게 추론하는지 살펴보자(Carpenter, Franke, & Levi, 2003, pp. 97-102). "만약, 주어진 수에 어떤 수를 더했다가 다시 그 수를 뺀다면, 주어진 수만 그대로 남아있을 것이다.” 이브는 다음의 수학 기호로 그 추측을 표현했다.

$$a+b-b=a$$

이브는 $b-b$에 동그라미를 하고 다음과 같이 말했다, “이것은 항상 0이에요. 우리는 이미 어떤 수에서 그 자신을 빼면 0이라는 것을 알아요. 따라서 나는 다음과 같이 쓸 수 있어요

$$b-b=0$$
$$a+0=a$$

그리고 우리는 $a+0$이 항상 a라는 것을 알아요. 따라서 $a+b-b=a$는 항상 참이 돼요.” 이처럼, 이브는 위에서 덧셈에 관한 항등원과 같은 연산의 기본 성질을 추측하였을 뿐 아니라, 정당화의 과정에서 일반화된 아이디어나 성질을 사용하였다는 것을 알 수 있는데, 이러한 사실은 이브의 대수적 사고 능력에 대한 중요한 증거이다.

이브가 식 $a+b-b$에서 $b-b$를 먼저 계산함으로써, $a+b-b=a+(b-b)$를 가정하고 있다는 것에 주목할 필요가 있다. 이 가정은 사실이지만, 이브가 그 가정을 이해하고 있는지 또는 그러한 가정을 사용하였다는 것을 인지하고 있는지는 명확하지 않다. 식 $92-57-7$을 간단히 하기 위하여, 이브가 $57-7$을 먼저 계산해도 괜찮을까? 그것은 타당하지 않은데, $92-57-7\neq 92-(57-7)$이기 때문이다. 다양한 연산 순서에 관한 더 많은 정보는 Carpenter, Franke, 그리고 Levi(2003, pp. 105-121)를 참고하기를 바란다.

연산의 기본 성질로부터 파생된 일반화의 또 다른 유형은 수의 분류와 관련이 있다. 3~5학년 과정에서 공통적으로 다루는 홀수와 짝수의 계산을 통하여 다음과 같이 다양한 일반화를 이끌어 낼 수 있다.

- 홀수 더하기 홀수는 짝수이다.

- 짝수의 짝수 배는 짝수이다.
- 홀수의 짝수 배는 짝수이다.
- 짝수 더하기 홀수는 홀수이다.

"두 홀수의 합에 대하여 무엇을 말할 수 있을까?"와 같은 질문에 대하여 일반화하는 것은 보다 형식적인 대수에 대한 추론을 반영하는 데, 이것은 종종 일반화된 패턴에 대한 탐구까지도 요구한다.

누군가 일반화를 형성하면, 그것에 대하여 정당화 할 수 있도록 지원해야 한다. 정당화는 계산의 근거가 되는 수학적 구조에 관심을 기울이도록 한다는 점에서 대수적 사고를 지원하기 때문이다. 가브리엘라가 "홀수 더하기 홀수는 짝수이다."라는 추측을 어떻게 정당화하는지 살펴보자.

> 나는 홀수를 다음과 같이 쓸 수 있다는 것을 안다.
>
> $$b+b+1$$
>
> b가 범자연수라면, b 더하기 b 더하기 1은 홀수가 될 것이다. b는 $\frac{1}{2}$과 같은 분수는 아니다. 두 홀수를 더하면 다음과 같이 쓸 수 있다.
>
> $$b+b+1+d+d+1$$
>
> b와 d는 분수가 될 수 없다. 그것들은 범자연수여야 한다. 나는 이것을 다음과 같이 쓸 수 있다.
>
> $$b+b+1+d+d+1=b+b+d+d+2$$
>
> 왜냐하면 수를 어떤 순서로든 더할 수 있다는 것을 알기 때문이다. 어떤 수 더하기 그 자신은 짝수이기 때문에 b 더하기 b는 짝수이다. 그리고 d 더하기 d 또한 같은 이유로 짝수이다. 2도 당연히 짝수이다.

가브리엘라의 활동지는 [그림 1.2]와 같다.

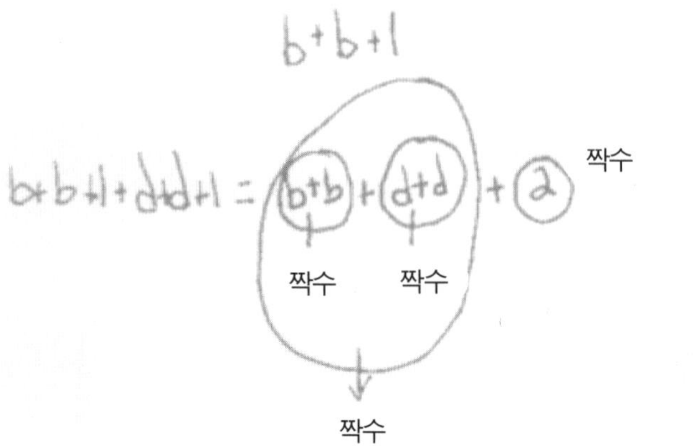

[그림 1.2] 추측을 정당화하는 가브리엘라의 기록

가브리엘라는 그녀의 추론을 계속해서 설명했다.

> 그래서 우리는 짝수 더하기 짝수를 가지고 있으며—그것은 단지 짝수이다—우리는 이미 그것을 증명했다. 그런 후, 또 다른 짝수를 더한다. 다시, 그것은 단지 짝수이다. 그래서 우리는 홀수 더하기 홀수는 짝수라는 것을 보였다.

고등학교 이전 학년에서 추론의 일반화와 정당화 사이의 관계에 대한 상세한 내용은 「수학적 추론의 필수 이해 : 유아·유치원~8학년까지」 (Lannin 외, 2011)를 참고하시오.

앞의 예에서 알 수 있듯이, 가브리엘라와 이브는 모두 자신들이 이미 참이라고 알고 있었던 일반화를 가지고 추론을 하였다. 또한 가브리엘라와 이브는 일반화된 수를 기호로 표현할 수 있었고(예를 들어, 가브리엘라는 임의의 홀수를 $b+b+1$로 표현했다), 이런 기호 식들을 조작할 수 있었다. 이러한 추론은 대수적일 뿐 아니라, 대수나 그 외 다른 수학 영역에서 다루는 형식적인 증명의 기초이다.

학생들의 초기 산술 학습이 오로지 표준 알고리즘을 연습하고 그러한 알고리즘을 사용하기 위한 사실들을 암기하는 것에 그친다면, 학생들은 산술을 학습하면서 대수적 사고에 참여하기 어렵다. 그러나 학생들의 산술 학습이 수학적 관계에 대한 추론에 초점을 둔다면, 학생들은 자연스럽게 산술을 학습하면서 많은 부분에서는 대수적 사고에 참여하게 될 것이다.

수학적 관계에 대하여 추론하는 것에 초점을 두는 것은 대수 학습뿐만 아니라 산술에 대한 깊은 이해를 도모하는 데에 필수적이다. 역사적으로 산술과 대수는 별개의 연구 분야로 다루어졌다. 하지만 현재에는 많은 사람들이 산술과 대수가 상당히 중복된다고 본다. 심지어 일각에서는 산술과 관계에 대한 대수적 추론을 하나의 영역으로 보기도 하는데, 일례로 「수학과 공통 핵심 규준」(Common Core State Standards Initiative, 2010)에서는, 핵심 아이디어 1에 대한 논의의 도입에서 제시한 바와 같이 산술과 대수를 명쾌하게 연결한다. 따라서 본 장에서는 대수적 사고의 측면에서 연산의 기본 성질에 대한 추론을 다루었지만, 반대로 산술에 대한 진정한 이해를 위해서도 연산의 기본 성질들에 대한 추론이 필요하다.

핵심 아이디어 2

두 양의 동치 표현으로서의 등식

Big idea

두 양이 동치임을 보이기 위하여 등호를 사용하여 나타낸 수학적 진술을 등식이라고 한다.

초등학교에서, 등식은 일반적으로 두 양 사이의 동치(equivalence) 관계를 나타낸다. 하지만 종종 단일한 양을 표현한 수학식을 등식으로 오해하기도 한다. 다음은 그러한 예를 제시한 것이다.

$$8 \qquad 358\times457 \qquad a+58 \qquad x^2+2x+1$$

위와 달리, 등식은 두 양 사이의 동치 관계를 표현한다. 다음은 등식의 예이다.

$$8=8 \qquad 358\times457=457\times358$$
$$a+58=59+176 \qquad x^2+2x+1=0$$

등식은 전통적인 산술 교육에서 다양하게 사용된다. 예를 들어, 학생들은 $346\div18=n$과 같은 등식을 완성하거나, $87\times42=n$ 또는 $84-n=39$와 같은 등식에서 n의 값을 찾아야 한다. 그러나 이러한 활동은 학생들이 양 사이의 관계에 대하여 추론할 수 있도록 활용되기보다 학생들의 계산력을 강화시키기 위하여 활용되었다. 하지만 3~5학년에서 등식의 지도는 계산을 강화하는 목적 이상으로 대수적 사고를 신장하기 위하여 활용될 수 있다. 등식에서 등호의 양변에 있는 식은 동치이다. 양변에 두 양을 나타내는 기호들이 동일하지 않더라도 그러하다. 등식을 사용하여 양 사이의 관계에 대하여 추론하고, 표현하며, 의사소통하는 것은 대수의 토대이다. 다음 문단에서 제시한 $84 \times 359 = 359 \times j$와 $a + 467 - 467 = 8769$처럼 숫자와 연산이 사용된 등식은 3~5학년에서 전형적으로 볼 수 있는데, 이러한 등식으로 학생들은 양 사이의 관계에 대하여 추론할 수 있으며, 이를 통하여 학생들의 대수적 이해가 발달될 수 있다.

1) 등호에 대한 관계적 이해

필수 이해 2a. 등호는 동치 관계를 나타내는 기호이다.

등호에 대한 **관계적 이해**(relational understanding)는 등호가 동치 관계를 표현한다는 사실을 이해하는 것을 수반한다. 초등 과정에서 동등한 양 사이의 관계를 표현할 때에는 보통 "같은 양이다."의 의미로 해석된다(Carpenter, Franke, & Levi, (2003, pp. 10-14) 참고). 관계적으로 이해한다는 것은 $6 = 6$과 $6 = 3 + 3$은 참인 등식이고, $8 + 4 = 12 + 5$는 $8 + 4$와 $12 + 5$의 양이 같지 않기 때문에 거짓인 등식임을 아는 것이다. 등호에 대한 관계적 이해는 방정식을 해결하기 위하여 필요하다.

방정식을 해결하기 위하여 관계적 사고를 활용한다는 것이 무슨 의미인지를 이해하기 위하여, $9 + 6 = b + 7$과 같은 간단한 방정식을 어떻게 해결할 것인지 상상해 보자. 관계적 사고를 활용하면, 7은 6보다 1 크기 때문에 b는 9보다 1 작아야 한다는 것을 추론할 수 있다. 이와 같이 두 양을 비교할 때 등식의 구조를 추론하는 능력은 대수적 사고의 중요한 측면이다. 앞서 기술했듯이, 이러한 전략은 등호의 관계적 이해에 의존하는 것으로 '관계적 사고 전략'으로 언급된다. 다음 절에서 논의하겠지만, 등호의 관계적 이해와 관계적 사고 전략은 대수 방정식을 해결하기 위하여 꼭 필요한데, 그것은 방정식 자체에 대한 추론을 가능하게하기 때문이다.

2) 등식에 대하여 추론하기

필수 이해 2b. 등식은 실행해야 하는 일련의 계산이 아니라 등식 자체로 추론될 수 있다.

전통적인 산술 교육에서는 등식을 실행해야 하는 일련의 계산으로 생각하였다. [표 1.2]에서 A열과 B열의 방정식[3)]을 비교해보자.

[표 1.2] 비교를 위한 방정식들

A열	B열
$48 \times 67 \times 6 = k$	$347 \times 25 \times 4 = p$
$746 \times 398 \div 42 = t$	$398 \times 746 \div 746 = d$
$978 + 778 = 394 + y$	$378 + 794 = 778 + j$
$475 \times 2365 = 352 \times w$	$8790 \times 598 = 879 \times n$

A열의 방정식은 B열의 방정식과 구조적으로 동일하지만, A열의 방정식은 일련의 계산 절차를 수행하지 않고는 해결하기 어렵다. 물론 B열의 방정식도 일련의 계산 절차들을 거쳐 해결할 수 있지만, 먼저 방정식 전체를 분석하여 해를 단순화할 수 있는 관계들을 찾는 방법으로 해결할 수도 있다. 예를 들어, 방정식 $347 \times 25 \times 4 = p$에서 왼쪽부터 순서대로 347×25를 계산한 후 4를 곱하여 답을 구할 수도 있지만, 이보다는 25×4를 먼저 계산하여 100을 얻은 후, 347×100을 계산하여 $p =$ 34,700을 얻는 것이 훨씬 효율적이다. 보다 효율적인 방법으로는, 주어진 곱셈식을 단순화하기 위하여 기본 성질 중 하나인 곱셈의 결합 법칙을 사용하는 것이다. (기본 성질에 대해 자세한 내용은 핵심 아이디어 1의 논의를 참고하시오.)

Big idea

핵심 아이디어 1
덧셈, 뺄셈, 곱셈, 나눗셈은 산술에서와 같이 대수에서도 같은 성질로 작용한다.

또한 동치에 대한 추론은 방정식의 해법을 간소화시킬 수 있다. 방정식 $378 + 794 = 778 + j$ 에 대한 티아라의 풀이를 살

3) [역자 주] 원서에는 모두 equation으로 되어 있으나, 우리나라에서는 등식 중 미지수가 있는 등식(또는 미지수의 값에 따라 참이 되기도 하고 거짓이 되기도 하는 등식)을 방정식이라고 하므로, 문맥에 따라 equation을 등식 또는 방정식으로 번역하였다.

펴보자. "등식의 양변에 700과 78이 있으므로, 그것들에 대해서는 고민할 필요가 없어요. $300+94=j$만 남으니까, $j=394$입니다." 이런 풀이는 두 양이 같을 때, 각각의 두 양에서 같은 수만큼 뺄 수 있고, 그 결과 두 양은 여전히 같다는 것을 이해해야만 가능하다. 이 성질은 종종 **등식의 뺄셈 성질**(모든 실수 a, b, c에 대하여, $a=b$이면, $a-c=b-c$이다)로 불린다. 등식의 다른 성질들로는 등식의 덧셈 성질($a=b$이면, $a+c=b+c$이다), 등식의 곱셈 성질($a=b$이면, $a\times c=b\times c$이다), 그리고 등식의 나눗셈 성질($a=b$이고 $c\neq 0$이면, $a\div c=b\div c$이다)이 있다.

이런 등식의 성질들에 기반을 둔 관계적 사고 전략은 거의 항상 기본 성질들에 대한 추론을 포함한다. 방정식 $378+794=778+j$에 대한 티아라의 풀이를 다시 살펴보자. 이 해결 방법을 정당화하는 구체적인 단계는 다음의 등식으로 설명할 수 있을 것이다.

$$378+794=778+j$$
$$(300+78)+(700+94)=(700+78)+j$$
$$(300+78)+700+94=j+(700+78)$$
$$300+(78+700)+94=j+(700+78)$$
$$300+94+(78+700)=j+(700+78)$$
$$300+94+(78+700)-700-78=j+(700+78)-700-78$$
$$394+(700-700)+(78-78)=j+(700-700)+(78-78)$$
$$394+0+0=j+0+0$$
$$394=j$$

위와 같은 일련의 등식들은 등식의 뺄셈 성질과 덧셈에 대한 결합 법칙, 덧셈에 대한 교환 법칙을 여러 번 사용하고 있다. 때로 같은 줄에 하나 이상의 성질이 사용되기도 한다. 그러나 방정식을 해결하기 위해 위와 같이 모든 단계들을 세세하게 적을 필요는 없으며, 그것은 수학적으로 효율적이지도 않다. 그러나 이러한 단계들은 풀이의 이유를 정당화하는 데 모두 필요하며, 관계적 사고 전략을 사용하기 위해서는 이러한 성질들에 대해 암묵적으로 이해할 수 있어야 한다. [생각해보기 1.4]는 관계적 사고 전략을 다른 문제 해결에도 사용해 보도록 한다.

[생각해보기 1.4] 참고

생각해보기 1.4

티아라와 유사한 전략을 사용하여, $8790 \times 598 = 879 \times n$을 어떻게 해결할 수 있습니까?

[표 1.2]에 제시된 방정식은 모두 변수를 한 개씩 포함하고 있으며, 일련의 계산 수행으로 쉽게 해결할 수 있다. 그러나 방정식을 하나의 전체로 보고 추론하는 경험 없이 오직 일련의 계산에만 의존한다면, $40 + m = 84 - m$ 또는 $x^2 + 10x + 21 = 0$과 같은 대수 방정식을 해결해야 할 때, 많은 어려움을 겪게 될 것이다. 만약 방정식을 일련의 계산으로만 본다면, 이런 문제를 해결하기 위해서는 방정식에 계속 변수를 대입해 보는 시행착오 전략을 사용할 수밖에 없을 것이다. 방정식에 대해 추론할 때, 수와 연산의 성질이나 등식의 성질을 사용하지 않을 수도 있다. 그러나 [생각해보기 1.4]에서는 방정식에 대해 추론하기 위하여 이런 성질들을 활용함으로써, 8,790은 879의 10배이므로, n은 598의 10배 즉 5,980이라는 것을 알 수 있다. 이와 같은 방정식의 해결법을 이해하는 것은 다음 학년에서 다루게 되는 형식적인 대수의 기본적인 구성 요소이다. 앞의 문단에서 기술된 것과 같은 효과적인 방정식 해결 전략들은 연산의 기본 성질과 등식의 성질에 토대를 두고 있다. 대부분의 사람들은 고등학교의 대수 과목에서 배운 표준적인 방정식 해결 전략에 익숙하다. 방정식을 해결하는 비표준적인 전략들은 특히 3~5학년에서 다루는 대수와 관련이 있는데, 3~5학년에서는 학생들이 방정식 자체에 대해 직관적으로 추론할 수 있도록 가능성을 열어놓기 때문이다. **비표준적인** 전략의 예로, 케빈이 방정식 $47 - y - y = 30 - y$를 어떻게 해결했는지에 대한 설명을 살펴

보면 다음과 같다.

> y는 모두 같은 양을 나타내요. 한 변에서는 같은 양을 두 번 빼고 있고, 다른 변에서는 한번만 빼고 있어요. 저는 좌변의 y 중 한 개를 빼는 것에 대해 생각하지 않을 것이고, 우변에서 y를 빼는 것에 대해서도 생각하지 않을 거예요. 양 변에서 같은 양만큼씩 빼고 있기 때문에 그것에 대해 생각할 필요가 없어요. 그러면 $47-y=30$만 남으므로, y는 17이예요.

케빈의 전략은 등식의 덧셈 성질에 기초를 두고 있는데, 여기서는 방정식의 양변에 y가 더해졌다. 하지만 케빈의 추론에서 이 성질이 형식적으로 적용되지는 않는다. 즉, 케빈은 방정식의 양변에 y를 형식적으로 더하지 않고, 단순화시켜 동치 방정식을 얻었다. 나중에 필수 이해 4b에서, 양적 추론을 통하여 이러한 유형의 사고가 어떻게 개발될 수 있는지를 논의할 것이다. 그러나 여기서는 방정식의 양변이 동치라는 것을 바탕으로, 방정식 전체에 대한 추론이 가능하다는 것을 설명하는 것으로 충분하다. [생각해보기 1.5]에서는 새로운 방정식을 해결하기 위해 케빈의 전략을 확장할 필요가 있다.

필수 이해 4b
이미 알고 있는 두 양 사이의 관계는 다른 양 사이의 관계를 서술하기 위한 기초가 될 수 있다.

생각해보기 1.5

방정식 $47-y-y=30-y$를 해결한 케빈의 방법을 사용하여, 방정식 $y+y+y=30+y$를 어떻게 해결할 수 있습니까?

방정식 $40+m=84-m$에 대한 히데토미의 해결 방법을 살펴보자.

> 40에 m을 더한다면, 84에서 m을 뺀 것과 같은 값을 얻게 된다. 그것은 40에 m을 두 번 더한 값이 84와 같다는 것을 의미한다. 그리고 84는 40보다 44 더 큰 수이기 때문에 m은 44의 절반, 즉 22이다.

이 해결 방법을 정당화하기 위하여 다음과 같은 연속된 방정식으로 나타낼 수 있다.

$$40+m=84-m$$
$$40+m+m=84-m+m$$
$$40+2m=40+44$$
$$2m=44$$
$$\frac{1}{2}\times 2m=\frac{1}{2}\times 44$$
$$m=22$$

위의 방정식을 통하여 문제 해결 과정에서 히데토미가 등식의 덧셈 성질과 곱셈 성질 모두를 직관적으로 어떻게 사용하였는지 확인할 수 있다. 물론 히데토미가 문제를 해결하기 위해 이런 방정식을 쓰지는 않았지만, 위의 방정식은 그의 풀이에 숨겨져 있는 추론을 짐작할 수 있게 해준다.

여러 개의 변수가 포함된 방정식이나 히데토미가 해결한 방정식과 같이 하나의 변수가 여러 번 사용되는 방정식을 해결할 때에는 하나의 변수가 단 한 번 사용된 방정식을 해결할 때와 동일한 추론이 조금 더 도전적으로 적용된다. 왜냐하면 단일 변수 방정식을 풀기 위하여 동치에 대한 성질과 수와 연산의 기본 성질을 가지고 추론하는 것은 더 복잡한 방정식의 해결 방법을 이해하기 위한 바탕이 되기 때문이다. 모든 단일 변수 방정식이 이런 유형의 추론 기회를 제공하기에 적절한 것은 아니다. 그러나 그러한 추론을 가능하게 하는 방정식을 어떻게 인식하는가는 방정식에 대한 대수적 이해 발달의 지표가 된다. [생각해보기 1.6]은 동치 성질의 활용에 관한 것이다.

[생각해보기 1.6] 참고

생각해보기 1.6

히데토미가 해결했던 방정식을 사용한다면, $4\times m=36\div m$을 해결하기 위해 등식의 성질을 어떻게 활용할 수 있습니까?

이 방정식은 구조적으로 "어떤 수 m의 4배[4]는 36을 m으로 똑같이 나눈 값과 같다."라고 생각할 수 있다.

4×3이 12이고 $36\div3$도 또한 12이므로 $m=3$이다(물론 $4\times(-3)$은 -12이고 $36\div(-3)$도 -12이기 때문에 $m=-3$이기도 하다). 대안적으로 이 방정식은 구조적으로 "어떤 수 m의 4배에, 어떤 수 m을 다시 곱한 값은 36과 같다."라고 생각할 수도 있다. $4\times(3\times3)$은 36이기 때문에, m은 3이 될 것이다. (같은 원리로 $4\times\{(-3)\times(-3)\}$이 36이기 때문에 m은 -3이기도 하다.)

3) 문제 상황을 모델화하기 위하여 등식 사용하기

필수 이해 2c. 등식은 문제 상황을 표현하기 위하여 사용될 수 있다.

많은 문제들은 처음에 문제의 상황을 방정식이나 여러 방정식들로 나타내보는 과정을 통해 가장 잘 해결될 수 있다. 이처럼 문제 상황을 나타내기 위해 기술된 방정식들은 문제 해결의 도구가 되기도 한다.

대부분의 산술 문장제는 문제 상황에 대한 방정식을 기술하지 않고도 해결할 수 있다. 하지만 문제 상황을 나타낼 수 있는 방정식들은 대부분 존재한다. 산술 문장제의 상황을 나타내기 위하여 방정식을 기술하는 경험은 학생들이 대수 문제 상황을 나타내기 위해 방정식을 어떻게 기술하는지에 관한 이해를 개발하는 데 도움을 줄 수 있고, 나아가 이후 학년에서 보다 형식적인 대수를 학습하는 데 중요한 토대가 될 수 있다.

그런데 때때로 문제 해결 방법이 문제 상황에 대한 방정식과 일치하지 않을 수도 있다. 예를 들어, 다음 문제를 생각해 보자.

덧셈과 뺄셈 문제의 구조를 표현하는 것에 대하여 자세하게 논의된 「덧셈과 뺄셈의 필수 이해 : 유아·유치원부터 2학년까지」(Caldwell 외, 2011)를 참고하시오.

4) [역자 주] 곱셈에서 영어의 어순 차이에 유의할 필요가 있다. 예를 들어, $4\times m$의 경우 우리나라에서는 4개씩 m묶음 또는 4의 m배를 의미하지만, 미국에서는 m개씩 4묶음 또는 m의 4배를 의미한다.

> 제관은 화분을 만들고 있다. 화분 한 개에 $\frac{3}{4}$파운드의 흙이 필요하다. $4\frac{1}{2}$ 파운드의 흙으로는 화분 몇 개를 만들 수 있는가?

잔은 다음과 같이 해결 방법을 설명했다. "$\frac{3}{4}$ 더하기 $\frac{3}{4}$은 $1\frac{1}{2}$인데, 그것으로 화분 2개를 만들 수 있어요. 여기에 $\frac{3}{4}$을 더하면 $2\frac{1}{4}$이 되고, 화분 3개를 만들 수 있어요. $\frac{3}{4}$을 또 더하면, 3이 되어, 화분 4개를 만들 수 있고요. $\frac{3}{4}$을 또 더하면, $3\frac{3}{4}$이 되어, 화분 5개를 만들 수 있어요. $\frac{3}{4}$을 또 더하면, $4\frac{1}{2}$이 되어, 화분 6개를 만들 수 있어요." 이 문제를 해결한 방법을 등식으로 나타내면 다음과 같다.

$$\frac{3}{4}+\frac{3}{4}+\frac{3}{4}+\frac{3}{4}+\frac{3}{4}+\frac{3}{4}=4\frac{1}{2}$$

위의 문제 상황을 방정식으로 표현하면 다음과 같이 나타낼 수 있다.

$$4\frac{1}{2}\div\frac{3}{4}=m \text{ 또는 } m\times\frac{3}{4}=4\frac{1}{2}$$

나눗셈과 곱셈 문제의 구조를 표현하는 것에 대하여 자세하게 논의된 「곱셈과 나눗셈의 필수 이해 : 3~5학년까지」(Otto 외, 2011)를 참고하시오.

문제 상황을 표현하기 위해 방정식을 기술하는 것은 때때로 문제 해결 방법을 표현하기 위해 방정식을 기술하는 것보다 수와 연산에 관한 일반화된 이해를 필요로 한다. 비록 잔이 이 문제가 분수의 나눗셈과 관련된 문제였다는 것을 인식하지 못하고 해결했다고 하더라도, 결국에는 반복된 덧셈이라는 매우 복잡한 해결 전략을 통해서 이것이 분수 나눗셈 문제라는 것을 발견할 수 있을 것이다.

예를 들어, 제관이 점토공장을 소유했고 4,327파운드의 흙을 가졌다면 어떻게 되겠는가? 이것이 나눗셈 문제라는 것을 아는 것과 이에 상응하는 방정식을 기술하는 방법을 아는 것은 이 문제를 효율적으로 해결하기 위해 꼭 필요하다.

대수에 대한 깊은 이해는 이와 같은 문제 해결 경험을 필요로 하는데, 제콴이 흙을 얼마나 가지고 있든, 각 화분에 흙이 얼마나 필요하든, 또는 두 양이 모두 변하든 상관없다. 각 화분에 필요한 양이나 전체 흙의 양이 달라질 때, 방정식은 그 문제에 대하여 추론하는 데 사용되는 중요한 도구가 된다. 산술 문제에서 상황을 나타내기 위해 방정식을 기술하는 것은 대수에서 방정식을 기술하기 위한 기초를 제공한다.

핵심 아이디어 3

다목적 도구로서의 변수

Big idea

변수는 간결한 방법으로 수학적 아이디어를 기술하기 위해 사용되는 다목적 도구이다.

대수적 아이디어는 표준적인 대수 표기법 없이도 다양한 방법으로 기술되거나 말로 표현될 수 있다. 이러한 방법에는 일상언어(natural language), 그래프, 또는 표가 포함된다. 그러나 변수(variables)에 대한 이해와 일반화를 표현하기 위하여 변수를 사용하는 능력은 대수적 사고의 발달을 위하여 중요한 요소이다.

1) 변수의 다양한 의미

필수 이해 3a. 변수의 의미는 다양한 방법으로 해석될 수 있다.

변수를 정의하는 것은 변수라는 용어가 다양한 의미를 가질 수 있으며, 그 의미가 변수가 사용되는 문맥에 따라 달라질 수 있다는 사실 때문에 복잡한 문제이다. 수학에서 **변수**는 다음과 같이 다양한 수학적 상황을 서술하기 위하여 사용된다.

- 변수는 일반화된 패턴에서 임의의 수를 표현할 수 있다.
  예) 항등식 $r+s=s+r$에서 문자 r과 s는 실수를 나타낸다.
  산술에서 기본적인 수학적 사실을 배우는 동안, 에밀리는 2+9=9+2, 3+8=8+3, 1+7=7+1, 2+8=8+2, 5+4=4+5 등을 관찰했다. 그리고 그때, 두 수의 합은 더해지는 두 수의 값에 상관없이, 두 수를 더하는 순서가 바꿔어도 동일하다는 것을 추측했다. 에밀리는 선생님께 자신의 추측에 대하여 말하고 싶었으나, 곧 두 수의 합에 대해 이런 모든 가능한 관계들을 다 기록할 수는 없다는 것을 깨달았다. 그녀는 자신의 추측을 다음과 같이 학급에서 일상 언어로 표현하는 것부터 시작했다. "두 수는 순서와 상관없이 더할 수 있으며, 더하는 순서와 상관없이 그 결과는 같아요." 에밀리는 교사의 도움을 받아, 임의의 두 수를 r과 s로 기호화할 수 있었고, 에밀리의 일반화에 대해 효과적으로 의사소통하기 위하여 $r+s=s+r$(덧셈의 교환법칙으로 알려져 있다)로 기술함으로써 이런 표현들을 사용할 수 있었다. 이러한 측면에서 에밀리는 일반화된 패턴에서 임의의 수를 나타내기 위하여 변수를 사용했다.

- 변수는 고정된 미지수를 나타내기 위해 사용될 수 있다.

예) 방정식 $y+5=8$에서 문자 y 그리고 방정식
$2x-3=x+1$에서 문자 x

우선 예에 제시된 방정식을 참이 되게 하는 y와 x의 값은 미지수이다. 뿐만 아니라, 방정식이 참이 되기 위해서, y와 x의 값은 고정된 값이어야 한다. 반면 위 예에서 변수는 어떤 임의의 값을 나타낼 수는 없다. 예를 들어 y가 0 또는 5를 나타낸다면 첫 번째 방정식이 참이 되지 않는다. 마찬가지로, x가 1 또는 7을 나타낸다면 두 번째 방정식 또한 참이 될 수 없다. 방정식을 해결하는 과정에서 각각의 방정식을 참으로 만드는 변수의 값은 $y=3$, $x=4$라고 결정할 수 있다. 우리가 앞에서 핵심 아이디어 2와 관련된 방정식의 논의에서 살펴보았듯이, 히데토미는 변수 m이 고정된 미지수를 나타내는 방정식에서 m을 22라고 풀었다.

- 변수는 또 다른 양과 관련하여 변화하는 하나의 양을 나타내기 위하여 사용될 수 있다.

Big idea

핵심 아이디어 2
두 양이 동치임을 보이기 위하여 등호를 사용하여 나타낸 수학적 진술을 등식이라고 한다.

예) 방정식 $3y = f$에서 문자 y와 f

예에 제시된 방정식을 참이 되게 하는 y와 f의 값은 많다. 예를 들어, $y = 1$일 때 $f = 3$이거나, $y = 2$일 때 $f = 6$, $y = 3$일 때 $f = 9$ 등이 그러하다. 그러나 y와 f의 값이 임의로 바뀌는 것은 아니다. 예를 들어 $y = 10$이고 $f = 5$인 경우에는 방정식이 참이 되지 못하는데, 5는 10의 3배가 아니기 때문이다. 변수가 이런 방식으로 사용될 때, 흥미로운 것은 변수 자체의 값이 아니라 두 변수 사이의 관계이다. (두 양의 관계에 대한 더 많은 논의는 함수적 사고와 관련된 핵심 아이디어 5를 보시오.)

Big idea

핵심 아이디어 5
함수적 사고는 공변하는 양 사이의 관계를 일반화하기, 이러한 관계를 말, 기호, 표, 또는 그래프로 표현하기, 함수 행동을 분석하기 위해 다양한 표현을 가지고 추론하기를 포함한다.

- 변수는 매개 변수(parameter)를 나타내기 위해 사용될 수 있다.

예) 방정식 $y = mx$에서 문자 m

매개 변수는 매개 변수의 값이 다른 양의 특성이나 행동(behavior)을 결정하는 양으로 생각될 수 있다. [생각해 보기 1.2] (p. 3 참고)의 의자와 다리 문제에서, 만약 각 의자의 다리가 4개 대신 5개라면, 그 관계는 $y = 5x$로 기술될 수 있으며, 여기서 x는 의자의 수를 나타내고 y는 의자 다리의 수를 나타낸다. 만약 각 의자의 다리가 6개라면, 그 관계는 $y = 6x$가 될 것이다. 만약, 각 의자의 다리 수를 m으로 일반화한다면, 어떻게 될까? m이 각 의자의 다리 수라면, 우리는 의자의 수와 다리의 수 사이의 관계를 $y = mx$로 표현할 수 있다. 변수 m은 변수 x와 y를 포함하는 특정한 함수의 작용을 결정하기 때문에 매개 변수로 볼 수 있다. 이러한 사례는 변수가 동일한 맥락 안에서 서로 다르면서도 꼭 필요한 역할을 취하기도 한다는 것을 드러낸다(필수 이해 3d 참고). 위의 경우에서 변수 m은 각 문제 상황에 대해서는 고정된 매개 변수로 작용하는 반면, 변수 x와 y는 주어진 문제 상황

필수 이해 3d
동일한 변수는 주어진 응용, 문제, 또는 상황에서 한 가지 이상의 역할을 할 수 있다.

내에서 변화하는 양을 나타낸다.

- 변수는 대수적 과정에서 임의의 혹은 추상적인 자리지기 (placeholder)를 나타내기 위해 사용될 수 있다.

예) "t^2+3t를 인수분해하시오."라는 문장에서 문자 t

위 예에서, 변수 t가 특정한 수를 나타낸다고 생각하는 것은 그다지 유용하지 않다. 즉, 식 t^2+3t는 t에 관해 풀어야 할 방정식이 아니다. t^2+3t를 인수분해하기 위해서, 변수 t는 확립된 규칙, 예를 들어 덧셈에 대한 곱셈의 분배 법칙과 같은 규칙에 따라 조작되는 추상적인 기호로 간주된다. 이런 규칙을 사용하여, t^2+3t는 $t(t+3)$으로 다시 쓰는 것이 허용된다. (자리지기로서의 변수를 사용하는 예는 대수에 대한 기초로서 양을 분해하는 것과 관련하여 **필수 이해 1d**의 논의에서 볼 수 있으며, $4x^2-4x$라는 양을 다른 식으로 간단히 하기 위해 그 양을 다른 방법으로 분해하는 예는 19쪽을 참고하시오.)

필수 이해 1d
대수식을 간단히 하는 것은 통찰력 있는 방법으로 양을 분해하는 활동을 수반한다.

비록 모든 상황에 적절하도록 **변수**라는 용어의 정의를 구성하는 것은 어렵겠지만, 확실한 것은 변수가 미지수를 나타내는 기호 이상의 의미를 나타낸다는 것이다. [생각해보기 1.7]은 이런 개념을 탐구하도록 질문한다.

생각해보기 1.7

다음의 식에서 변수 t가 하는 역할을 어떻게 설명할 수 있습니까?

$$t+4=3t-6$$
$$y=tx+2$$
$$3+(t+5)=(3+t)+5$$

[생각해보기 1.7]의 각 상황에서 각각의 변수가 어떠한 의미로 사용되고 있는지를 구별하고 설명할 수 있는가? 제시된 첫 번째 식에서 t는 보통 고정된 미지수를, 두 번째 식에서는 매

개 변수를, 그리고 세 번째 식에서는 일반화를 표현하기 위한 임의의 수를 의미한다. 변수의 역할을 결정하는 것이 항상 단순한 일이 아닐 수 있는데, 이는 두 사람이 문제에 대하여 다르게 생각할 수도 있고, 특정한 변수가 하는 역할에 대하여 다른 견해를 가질 수도 있기 때문이다.

대부분의 경우에서 변수의 역할은 방정식 혹은 식이 설정된 문맥이나 물리적 상황에 의하여 결정된다. 예를 들어, [그림 1.3]은 데이비드가 만든 표로, 첫 번째 줄의 수는 변수 x를, 두 번째 줄의 수는 변수 y를 나타낸다.

x	1	2	3	4	5	6
y	2	4	6	8	10	12

[그림 1.3] 데이비드의 자료 표

데이비드는 이 패턴에 적절한 x와 y의 다른 값들을 발견하는 데 관심이 있다. 데이비드는 변수를 변화하는 양으로 생각한다. 그리고 [그림 1.4]와 같이 표를 확장하였다. [생각해보기 1.8]은 x와 y에 대하여 데이비드가 어떻게 생각할 수 있는지를 제시하였다.

x	1	2	3	4	5	6	7	8	9	10
y	2	4	6	8	10	12	14	16	18	20

[그림 1.4] 데이비드의 확장된 자료 표

생각해보기 1.8

루이스 씨는 데이비드가 패턴을 일반화한 것으로써 변수 x와 y를 생각하고 있다고 믿고 있습니다. 루이스 씨에게 어떤 말을 해줄 수 있습니까?

표를 확장하기 위하여 데이비드는 y의 값이 x의 값에 따라 어떻게 변화하는지, 예를 들어 x가 1씩 증가함에 따라 y는 2씩 증가한다는 관계에 관심을 기울인다. 데이비드는 이러한 정보를 표를 확장하는 데 이용하였다([그림 1.4] 참고). 그러나 데이비드에게 변수는 패턴 그 자체가 아니라, 패턴에서의 임의의 수를 나타낸다. 만약 루이스가 믿는 것처럼, 데이비드가 변수 x와 y를 패턴을 일반화하는 것으로 생각한다면, 데이비드는 자신이 관찰한 일반화된 패턴을 나타내기 위해 $y=2x$라고 썼을 것이다.

대안적으로, 또 다른 학생 마르시가 첫 번째 표 [그림 1.3]을 보고 x와 y 사이의 관계에 관심을 기울인다고 가정해보자. 마르시는 표에 세 번째 줄을 추가하고 y대 x의 비율을 계산하였다([그림 1.5] 참고). 일련의 자료들을 살펴본 후, 마르시는 다음과 같은 패턴을 깨달았다. "표에서 y줄에 있는 수를 위의 x줄에 있는 수로 나누면, 항상 2를 얻을 수 있어." 마르시는 데이비드가 한 것처럼, x값이 변함에 따라 y의 값이 어떻게 변화하는지를 관찰한 것이 아니다. 마르시는 자신의 일반화를 $\frac{y}{x}=2$와 같이 표현하기 위하여 변수를 사용할 수 있다. 마르시에게 변수는 패턴을 일반화하기 위해 이용되는 임의의 양을 나타낸다.

x	1	2	3	4	5	6
y	2	4	6	8	10	12
$\frac{y}{x}$	2	2	2	2	2	2

[그림 1.5] 데이비드의 표를 확장한 마르시의 표

변수의 역할은 변수가 설정되어 있는 맥락뿐 아니라 그 맥락이 어떻게 보여 지는가에 의존하기 때문에, 변수의 특정한 역할에 대하여 합의를 하는 것이 어려울 수도 있다. 변수에 대한 해석과 상관없이, 변수에 대한 이해를 통하여 변수의 복잡성에 대한 인식을 신장시키는 것이 중요하다.

2) 변수가 나타내는 것을 이해하기

필수 이해 3b. 변수는 대상 그 자체가 아니라 대상의 측정값이나 양을 나타낸다.

사과와 같이 어떤 대상들의 집합에 관한 문제를 살펴보자. 문제에 따라, 그러한 문제 안에서 변수는 많은 것들을 나타낼 수 있다. 그것은 사과의 수, 사과의 무게, 심지어 사과의 가격을 나타낼 수도 있다. 그러나 변수가 사과라는 대상 그 자체를 나타내지는 않는다. 다른 예로 "1 야드는 3 피트"라는 문장을 살펴보자. 일부 학생들은 피트의 수를 f, 야드의 수를 y라 하고, "$y=3f$"로 잘못 나타낼지도 모른다. 그 문장을 문자 그대로 왼쪽에서 오른쪽으로 옮겨 적었기 때문에 측정 대상의 길이를 나타낼 때, 변수 f와 y가 각각 피트(feet)의 **수**와 야드(yards)의 **수**를 나타낸다기보다는 **피트**와 **야드**를 나타낸다고 생각할 수 있다. 이와 같은 생각은 어떠한 양이 간략화 될 수 있다는 사실과 맞물려 변수와 명칭(label) 사이의 혼동을 초래하기 때문에 까다롭다. 예를 들어, "3 meters"를 "3 m"로 쓰는 것이 자연스럽지만, 그때의 "m"은 변수가 아니라 명칭이다. [그림 1.6]에서 볼 수 있듯이, 야드의 **수**가 피트의 **수**와 같아지려면 3을 곱해야만 한다. 그런 이유로, f는 피트의 수를 나타내고, y는 야드의 수를 나타내도록 하여 $f=3y$와 같이 쓰는 것이 그 관계("1야드는 3피트이다")를 나타내는 옳은 방법이다.

야드의 수(y)	1	2	3	4	5	6	7
피트의 수(f)	3	6	9	12	15	18	21

[그림 1.6] 피트의 수와 야드의 수 비교

3) 반복되거나 서로 다른 변수들을 사용하기

필수 이해 3c. 동일한 방정식에서 한번 이상 사용된 동일한 변수는 모든 경우에 같은 값을 나타내지만, 다른 변수가 같은 값을 나타내기도 한다.

주어진 식이나 방정식 내에서, 임의의 변수로 표현된 값은 그 변수가 나타나는 모든 경우에서 동일한 값을 취해야 한다. 예를 들어, $x=3$은 방정식 $x+x=6$에 대해 유일하게 가능한 해이다. 더구나, 식 $x+x+5$의 값을 구하고자 할 때, 첫 번째 등장하는 x를 $x=3$으로 결정했다면, 두 번째 등장하는 x 역시 동일하게 3이 되어야 한다. 마찬가지로, 방정식 $x+3=2x-6$을 해결하고자 할 때, 방정식의 좌변에 있는 변수 x의 값은 방정식의 우변에 있는 x의 값과 동일해야 한다.

반대로 $x+x+y=9$를 만족하는 모든 가능한 범자연수 x와 y를 구할 때에는 $x=2$이고 $y=5(2+2+5=9)$인 경우뿐만 아니라 $x=3$이고 $y=3(3+3+3=9)$인 경우도 가능하다. 유사하게, $a=3$이고 $b=3$인 경우는 방정식 $a+b=6$에서 가능한 해이다. 이런 예에서 알 수 있듯이, 동일한 방정식 내에서 서로 다른 변수가 같은 값을 나타낼 수도 있다.

4) 구체적인 맥락에서 변수의 역할

필수 이해 3d. 동일한 변수는 주어진 응용(application), 문제, 또는 상황에서 한 가지 이상의 역할을 할 수 있다.

방정식 $5(x+3)=20$을 검토할 때, 처음에는 변수 x가 고정된 미지수로서의 역할을 한다고 생각할 것이다. 이 방정식을 해결하는 목적은 방정식이 참이 되게 하는 x의 값을 찾으려는 것이다. x의 값을 구하기 위해 다양한 방법을 사용할 수 있지만(관계적 사고 전략으로 방정식을 해결하는 필수 이해 2b의 논의를 참고하시오), 일반적으로는 방정식을 동치 식인 $5x+15=20$으로 변형하기 위하여 분배 법칙을 사용한다.

필수 이해 2b 등식은 실행해야 하는 일련의 계산이 아니라 등식 자체로 추론될 수 있다.

그런데 $5(x+3)=20$을 $5x+15=20$로 변형하기 위해 분배 법칙을 사용할 때, 변수 x의 역할은 바뀐다. 더 이상 x는 고정된 미지수가 아니라 대수적 과정에서 임의의 추상적인 자리지기로서의 역할을 한다. 분배 법칙을 적용하는 단계에서의 목표는 x의 값을 결정하기 위한 것이 아니기 때문이다. 이때에는 단순히 5×(어떤 수+3)를 (5×어떤 수)+(5×3)으로 다시 쓰기 위하여 분배 법칙을 적용하는 대수적 과정을 따를 뿐이다.

5) 이산량이나 연속량을 나타내는 변수

필수 이해 3e. 변수는 이산량이나 연속량을 나타낼 수 있다.

변수는 특정한 문제에서 취하는 역할에 관계없이, 이산량이나 연속량을 나타낼 수 있다. 이산량은 쪼개질 수 없는 단위를 나타낸다. 예를 들어 연필 한 묶음을 가지고 있다면, 연필을 한 자루씩 센다. 보통 연필을 그보다 더 작은 조각으로 쪼개지는 않으므로, 각 연필은 한 자루라는 단위로 나타낼 수 있다. 본 장의 뒷부분에 나오는 정사각형과 꼭짓점 문제에서(p. 50의 [그림 1.11] 참고), 정사각형의 수 s와 이에 대응하는 꼭짓점의 수 v는 무한한 수까지 다룰 수 있지만, 그래도 그러한 값들은 더 작은 단위로 쪼개질 수 없는 범자연수이다. 즉 이러한 문제 상황에서 정사각형의 수 또는 꼭짓점의 수를 분수로 나타내지는 않는다.

변수는 **연속량**도 나타낼 수 있다. 10cm 높이의 비커에 담긴 물의 높이를 생각해보자. 물의 높이는 0cm(비커가 비어 있을 때)와 10cm(비커가 가득 차 있을 때)사이의 어떤 값이든 취할 수 있다. 그 값은 범자연수가 아닐 수도 있고 심지어 유리수가 아닐 수도 있다. 물론 실수의 범위에 있다. 때문에 물의 높이가 1cm, 2cm, 3cm 등과 같은 특정한 이산량의 값만을 가진다고 말할 수는 없다. 또 다른 예로 한 아이의 키를 생각해보자. 아이의 키는 적절한 값의 범위 내에서 어떤 값이든 될 수 있으며, 그 범주내의 값을 건너뛰지도 않는다. 즉, 아이의 키는 30인치와 40인치 사이의 모든 무한한 수의 값을 거치며 성장한다. 이와 같이 키(길이), 넓이, 부피와 같은 측정값을 **연속량**이라고 한다.

앞에서 살펴본 바와 같이, **변수**를 한 가지로 정의할 수는 없다. 변수는

① 일반화된 패턴에서의 기호
② 고정된 미지수
③ 변화하는 양
④ 매개 변수
⑤ 대수적 과정에서 추상적인 자리지기

와 같이 다양한 방법으로 해석될 수 있다. 비록 초등학생들이 특정한 과제에서 변수의 이러한 의미들을 인식할 필요는 없지만, 교사들은 변수를 융통성 있게 해석하고 적절하게 활용할 수 있도록 변수에 대한 의미 있는 이해를 가질 필요가 있다. 변수는 대수적 관계를 의사소통하고 많은 수학 문제들을 해결하기 위한 효율적인 방법을 제공한다. 이런 의미에서 변수의 사용은 필수적인 수학적 도구이다.

핵심 아이디어 4

관계를 일반화하기 위하여 양적 추론 사용하기

Big idea

양적 추론은 양 사이의 관계를 서술하고 일반화하기 위하여 양 사이의 관계를 확장한다.

양적 추론(quantitative reasoning)은 대수적 아이디어의 깊은 이해를 개발하는 데 중요한 부분을 차지하며, 측정되거나 세어진(count) 양 사이의 관계를 확인하는 것을 포함한다. 그러한 관계는 숫자나 변수로 표현될 수 있다. 1장에서 논의한 이전의 핵심 아이디어들은 수와 연산, 방정식, 그리고 변수에 초점을 두었다. 본 절에서는 그러한 아이디어들을 다른 상황에 적용하고, 그것을 부등식과 다양한 방법으로 관계를 나타내기 위하여 양적 추론을 활용하는 것으로 확장할 것이다.

1) 두 양을 서로 관련짓는 방법

필수 이해 4a. 두 양은 다음의 세 가지 방법 중 한 가지 방법으로 관련된다.

① 두 양이 서로 같다.

② 하나의 양이 다른 양보다 더 크다.

③ 하나의 양이 다른 양보다 더 작다.

두 양이 서로 어떻게 관련되는지를 이해하는 것은 양적 추론의 기본이다. 두 양이 어떻게 관련되어 있는지 고려하기 위하여, [생각해보기 1.9]의 상황을 살펴보자.

생각해보기 1.9

티메사는 두 유리컵의 부피(volume)[5])가 같지 않다는 것을 알았습니다.
두 유리컵의 부피 사이의 관계를 얼마나 다양한 방법으로 설명할 수 있습니까?

양적 추론의 초기 단계는 측정할 수 있거나 셀 수 있는 대상 또는 집합의 특성을 확인하는 것부터 시작한다. 그 특성이란 대상이나 집합이 이산량인지, 연속량인지를 확인하는 것이다. 예를 들어, 필수 이해 3e의 논의에 기술된 것처럼, 이산량 측정은 연필의 수를 세는 것이고, 연속량 측정은 비커에 담긴 액체의 부피가 될 것이다.

필수 이해 3e
변수는 이산량이나 연속량을 나타낼 수 있다.

일반적으로 대수와 관련된 주제를 이해하기 위하여 수 세기 또는 부피와 같은 물리적 속성의 측정을 생각하지 않는다. 그러나 측정이라는 주제는 학생들이 중요한 수학적 성질을 학습하는 과정에서 구체적인 표현과 더욱 추상적인 표현들을 연결하여 그 관계를 모델화할 수 있는 상황을 제공한다. 이와 같은 관계에 대한 표현들은 대수에 대한 강력한 기초를 제공하는데, 이는 변수를 사용하는 것이면서 동시에 일반화된 형식에서 양 사이의 상호작용을 기술하는 것 때문이다(Dougherty, 2008).

물체의 속성은 인치와 같은 특정한 단위로 측정하거나 셀 수 있지만, 측정 가능한 속성에 대한 질적 비교는 단위를 사용하지 않고도 할 수 있다. 예를 들어 두 물체의 길이, 넓이, 부피, 혹은 질량(mass)[6])은 어떠한 단위를 사용하지 않고도 비교할 수 있다. 대신, 질적 비교는 대상의 직접 비교를 통하여 가능하다. 질적 비교는 대수적 사고의 중요한 특징이라 할 수 있

5) [역자 주] 3차원 도형이 차지하는 공간의 양이나 어떤 용기가 담을 수 있는 양을 의미한다. 원어로 volume이라 부피로 번역하였음
6) [역자 주] 질량(mass)은 물질의 양이고 무게(weight)는 그 물질에 중력을 가한 것인데, 지구에서는 두 속성이 같음

는 양 사이의 일반화된 관계를 탐구할 수 있도록 한다는 점에서 매우 강력하다. 예를 들어 길이를 직접 비교할 때, 실제 길이를 측정하지 않고도 한 물체가 다른 것보다 더 긴지 혹은 짧은지를 알 수 있도록 두 물체를 나란히 놓는다([그림 1.7] 참고).

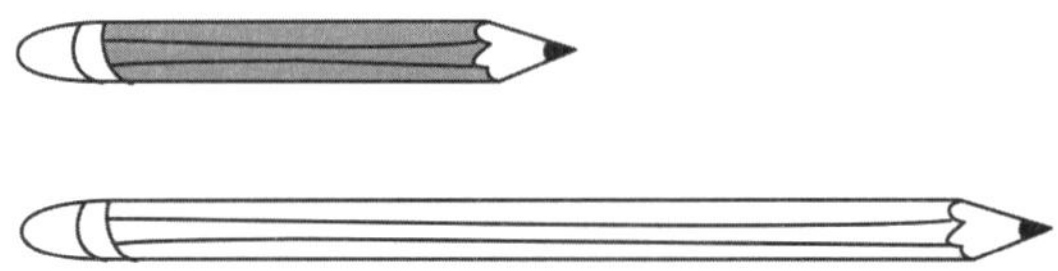

[그림 1.7] 두 연필의 길이 비교

이와 같은 길이의 직접 비교를 통하여 길이가 같은지 다른지를 관찰할 수 있다. 이때 두 길이가 같은지 다른지 일상 언어로 말함으로써 두 연필 길이의 관계를 기술하게 된다. 만약 길이가 같지 않다면, 더 나아가 어떤 연필의 길이가 다른 연필의 길이보다 더 작은지도 말할 수 있다. 또한 연필의 길이를 나타내기 위하여 일상 언어 대신 변수를 사용하는 것으로 확장할 수도 있다. 만약 [그림 1.7]의 오렌지색 연필의 길이를 O로 나타내고, 흰색 연필의 길이를 W로 나타낸다면, 핵심 아이디어 3에서 기술된 바와 같이 변수를 효과적으로 사용하여 $O \neq W$와 $W \neq O$로 기록할 수 있다. 이러한 표현은 두 길이가 같지 않다는 것을 말해주는 것일 뿐, 이 식이 어느 것이 더 길거나 더 짧다는 것을 말해주지는 않는다. 이에 대한 추가적인 정보를 제공하기 위해서 두 연필의 길이를 비교한 뒤 $O < W$와 $W > O$로 쓸 수 있으며, 이때의 두 식은 동치 식이다.

Big idea

핵심 아이디어 3
변수는 간결한 방법으로 수학적 아이디어를 기술하기 위해 사용되는 다목적 도구 이다.

일반적으로 두 양을 비교할 때(예를 들어 길이 E와 K를 비교할 때)에는 다음의 세 가지 경우 중 한 가지에 해당한다는 것을 알 수 있다. 한 양이 다른 양과 같다($E = K$). 한 양이 다른 양보다 작다($E < K$). 또는 한 양이 다른 양보다 크다($E > K$). 이는 **삼분 성질(trichotomy property)**로 알려져 있다.

[생각해보기 1.9]에서, 티메사는 두 유리컵의 부피 차이를 기술하기 위하여 다양한 식을 쓸 수 있다. 예를 들어, 만약 한 유

리컵의 부피를 H로 나타내고, 다른 유리컵의 부피를 G로 나타내면, 티메사는 $H \neq G$ 또는 $G \neq H$, 그리고 H의 부피가 더 크다고 가정하면 $G < H$ 또는 $H > G$로도 쓸 수 있다. 첫 번째의 두 식에서, 두 부피 중 어느 것이 더 크거나 작은지를 말하는 것은 불가능하다. 반면 두 번째의 두 식은 어느 측정량이 더 크거나 작은지를 나타내기 때문에 엄밀한 부등식이다.

또한 부피 H와 부피 G 사이의 관계를 나타내기 위하여 다른 표현을 사용하는 것도 가능하다. 선분 형식의 다이어그램은 특히 그 관계를 시각적으로 보여주는 데 유용한 방법이다. 부피 H가 부피 G보다 더 크다고 가정하자. [그림 1.8]은 두 개의 서로 다른 길이를 나타내며, 부피 H가 부피 G보다 어느 정도 더 크다는 것을 보여준다. 하지만 이 경우에 두 양 중 어떤 것이 얼마나 더 큰지는 명시되어있지 않다. 선분은 넓이, 부피, 질량 또는 길이 등의 관계를 시각화할 때 사용될 수 있다.

[그림 1.8] 길이 H와 G의 관계를 나타낸 다이어그램

두 양이 같다면 어떻게 될까? 그 관계에 대하여 하나 이상의 식을 쓸 수 있을까? 두 묶음의 구슬을 가지고 있고, 각 묶음의 구슬 개수는 같다고 가정해 보자. 이때 첫 번째 묶음의 구슬 개수를 D로, 두 번째 묶음의 구슬 개수를 R이라고 하면, 식 $D = R$은 두 묶음의 구슬 수 사이의 관계를 나타낸다. 동일한 관계를 $R = D$로도 쓸 수 있다. 이는 **등식의 대칭적 성질(symmetric property of equality)**을 나타낸다($D = R$이면 $R = D$이다).

등식의 대칭적 성질은 관계를 다양한 방법으로 보고 표현할 수 있도록 돕기 때문에 대수 학습에서 중요하다. 예를 들어, 방정식 $3 \times 7 =$ ____에 대하여, 어떤 학생은 그 방정식을 오직 $3 \times 7 = 21$로만 쓸 수 있다고 생각할지 모른다. 반면 이 방정식이 $21=3\times7$로도 표현될 수도 있다는 것을 아는 학생은 등호를 연산 기호로만 이해하기보다, 등호를 관계적으로 이해하고 있다고 여길 수 있다(필수 이해 2a 참고). 기호 표현을 포함하는 직접적인 질적 비교를 통하여 대칭적 성질과 같은 성질을 개발하고 사용하는 것은 양에 대한 추론이 대수적 이해를 지지할 수 있다는 이 책에의 논지를 뒷받침한다.

필수 이해 2a
등호는 동치관계를 나타내는 기호이다.

2) 다수의(multiple) 양에 대하여 추론하기

필수 이해 4b. 이미 알고 있는 두 양 사이의 관계는 다른 양 사이의 관계를 서술하기 위한 기초가 될 수 있다.

두 양이 어떻게 관련되는지를 확인하고 설명하는 것은 관계와 성질에 대한 보다 정교한 사고의 토대가 된다. 삼분 성질은 양적 추론을 위한 발판이 되는 매우 중요한 성질이지만, 이 성질은 단지 두 양 사이의 관계만을 설명한다. 더 많은 양들은 어떻게 다루어질까? 이런 질문에 대하여 생각해 보기 위하여, [생각해보기 1.10]에서 카메론이 두 부피를 어떻게 비교하는지 살펴보자.

생각해보기 1.10

카메론은 두 부피 A와 K를 각각 측정했습니다. 두 부피 사이의 관계를 표현하기 위해, 카메론은 '$A>K$ by L'라고 썼습니다. 이 식에서 카메론이 의미하는 바는 무엇입니까?

부피가 J와 F인 두 그릇을 가지고 있다고 가정하자. 두 그릇의 부피가 같다면, $J=F$ 또는 $F=J$와 같이 쓸 수 있다. 부피 F가 또 다른 그릇의 부피 P와 같다고도 가정해 보자. 그러면 부피 J와 P 사이의 관계는 어떻게 말할 수 있는가? 기호적으로 이 상황은 '$J=F$이고 $F=P$이면, $J=P$이다'의 식으로 나타낼 수 있다. 이는 **등식의 추이적 성질**(transitive property of equality)로 알려져 있다. 위 식에서 J와 P 사이의 관계를 결정했던 방법은 직접 비교의 방법과는 다르다. 오히려 J와 P 사이의 관계를 결정하기 위하여, J와 F 사이 그리고 F와 P 사이에 세웠던 관계를 사용했다. 즉 실제 대상에 대한 물리적 조작 없이 간접 비교에 기초하여 양 사이의 관계를 결정하였다.

간접 비교는 양적 추론과 대수적 사고 사이의 다리 역할을 한다(Thompson, 1988). 두 양의 관계를 구성하고 그것을 기호적으로 표현함으로써, 구체물의 조작 없이도 양들 사이의 관계를 다룰 수 있기 때문이다(Dougherty, 2010). 구체적으로 표현된 양을 기호로 표현하는 활동을 통하여 학생들은 수치적이거나 추상적인 양을 기호로 나타내는 활동을 배울 수 있다. 예를 들어, $3+x=n$이고, $n=3+5$라면, $3+x=3+5$라는 것을 알 수 있으며, x는 다른 대수적 처리를 하지 않고도 5라는 결론을 얻을 수 있다.

앞서 등식의 추이적 성질을 설명하기 위하여 변수를 사용했지만, 추이적 관계를 설명하기 위하여 수를 예로 들 수도 있다. 만약 $8\times3=24$이고, $24=4\times6$이라는 것을 안다면, 등식의 추이적 성질에 따라 $8\times3=4\times6$라는 결론을 얻을 수 있다. 앞 단락에 제시된 기호식은 위에서 구체적인 수로 표현된 경우보다 일반화된 형식이다. 이처럼 기호적이거나 수치적인 두 가지의 모든 상황에서 확실한 것은 직접 측정해보거나 세어보지 않은 양에 대하여 추론하는 경험이 양 사이의 관계를 표현하고 적용하는 데 중요한 유연성을 발달시킨다는 것이며, 이는 대수적 사고의 중요한 특징이도 하다.

앞서 필수 이해 4b의 사례에서는 동치 관계를 다루었다. 그러나 세 개의 양 사이의 관계가 모두 동치는 아니다. 넓이가 A, T, W인 세 직사각형의 넓이 사이의 관계를 $A=T$이고 $T>W$라고 가정해 보자. 넓이 A와 W 사이의 관계에 대하여 무엇을 말할 수 있을까? 어떤 의미에서 넓이 T는 비교 단위가 된다. 넓이 T는 넓이 A, 그리고 넓이 W와 각각 비교된다. 넓이 T와 넓이 A가 서로 같다고 주어졌으므로, T를 A로 바꾸어 $A>W$와 같이 쓸 수 있다. 관계에 대한 대수식을 만들기 위하여 직접 비교를 했던 경험을 토대로, 넓이 A와 W 사이의 관계를 어떠한 직접 비교 없이도 잘 추론할 수 있다.

구체물을 가지고 직접 비교를 한 후, 그 결과를 대수식으로 표현하는 경험을 통하여 학생들은 대수식에 작용하는 개념적인 토대를 형성할 수 있다. 대수식이 구체적인 상황 없이 도입될 때에는 그것에 대하여 의미를 부여하기가 어렵다. 그러나 손에 잡힐 정도로 구체적인 관계와 인식 가능한 속성을 포함하는 상황에서 형성되는 의미는, 명확한 상황 없이 $2(3+x)=12$와 같은 식만 주어질 때보다 더 강력한 이해로 연결된다.

위 식에서는 형식적인 대수 조작 없이도 x의 값을 결정할 수 있는데, 사고의 과정은 다음과 같을 것이다. "어떤 양의 두 배가 12이다. 그러면 그 양은 6이어야 한다. 2×6이 12이기 때문이다. 3과 어떤 수의 합이 6이다. 그러면 그 수는 3이어야 한다. 3+3=6이기 때문이다(관계적 사고 전략을 사용하는 것과 관련하여 필수 이해 2b의 논의를 참고하시오)."

필수 이해 2b
등식은 실행해야 하는 일련의 계산이 아니라 등식 자체로 추론될 수 있다.

한 개나 그 이상의 부등식으로 처음에 표현되었던 다른 관계들을 정교화 할 수 있다. 예를 들어, 두 넓이를 측정하였고, 두 넓이를 각각 U와 Z로 표현했으며, 두 넓이의 관계를 $U<Z$라고 가정하자. 즉 넓이 U는 넓이 Z보다 작은 양을 나타낸다. 그리고 넓이 Z와 넓이 U의 차이를 넓이 N이라고 하자. 그래서 식을 $U<Z$ by N과 같이 쓸 수 있으며([생각해보기 1.10]을 기억하시오), 이 관계로 다음과 같은 식들을 만들어 낼 수 있다.

$$U+N=Z$$
$$Z-N=U$$
$$N=Z-U$$

위와 같이 넓이 U, N, Z를 실제로 측정해 보거나 비교하여, 넓이 사이의 관계를 기호로 표현하였다. 하지만 위 관계는 넓이 대신 선분의 길이를 활용해서도 나타낼 수 있다. 선분은 양을 수치적인 값으로 나타내지 않고도 양들 사이의 관계를 나타내주기 때문이다. 또한 선분 표현은 물리적 대상이 제거된 상황에서도 기호의 사용 없이 양 사이의 관계를 기록할 수 있는 방법이다.

넓이 U와 Z 사이의 관계는 [그림 1.9]와 같이 선분으로 나타낼 수 있다. 이러한 표현을 통하여 넓이 Z는 넓이 U와 어느 정도 다르다는 것은 명확히 하였다. 다르다는 정도는 선분 Z가 선분 U보다 더 뻗어나간 길이로 표현된다. 도식적으로 이러한 차이는 두 양을 같게 만들기 위해서는 이 차이만큼의 양을 넓이 U를 나타내는 선분에 추가하거나, 넓이 Z를 나타내는 선분에서 뺄 수 있다는 것을 보여준다.

[그림 1.9] 넓이 Z와 U의 관계를 보여주는 선분 다이어그램

앞서 넓이 U와 넓이 Z의 차이를 넓이 N이라고 했었다. 넓이 N은 [그림 1.10]과 같은 선분의 길이로 표현될 수 있으며, 넓이 N을 나타내는 선분이 추가되면서 두 선분의 길이는 같아진다.

[그림 1.10] 넓이 Z와 U의 관계 및 그 차이인 넓이 N을 보여주는 선분 다이어그램

이러한 예는 서로 다른 두 양을 같게 만드는 방법을 나타낸다. 일반적으로 두 양의 크기가 서로 같아지도록 새로운 양을 만들기 위해서는 어떠한 양이 다른 양보다 더 큰 만큼을 더 작은 양에 추가할 수도 있고, 더 큰 양으로부터 두 양 사이의 차이만큼을 뺄 수도 있다.

이처럼 관계를 가지고 탐구할 때의 유연성은 다른 상황으로도 확장된다. 예를 들어 x가 4보다 7만큼 더 크다면, 다음 방정식들을 쓸 수 있다.

$$4+7=x$$
$$x-4=7$$
$$x-7=4$$
$$x=7+4$$

이것을 오로지 수치적인 상황으로 바꾸면, “137은 122보다 15만큼 더 크다.”와 같은 진술을 쓰는 것이 가능하다. 위 보다 일반적인 형식을 본떠서 만든 이 식은, 137과 122의 차이가 15라는 것을 나타낸다. 이런 관계를 설명한 식을 다음과 같이 쓸 수 있다.

$$137-15=122$$
$$122+15=137$$
$$137-122=15$$
$$137=122+15$$

다른 가능성을 고려해보자. 만약 부피 Y와 부피 S의 두 양이 같다면, 식 $Y=S$로 쓸 수 있다. 여기서 두 부피를 동일한 양으로 바꾸어도 여전히 동치 관계를 유지할 수 있다. 예를 들어 부피 C가 부피 Y와 S 모두에 더해져도, 동치 관계는 그대로 유지 된다($Y+C=S+C$). 마찬가지로 부피 Y와 부피 S에서 똑같이 부피 P를 제거해도, 등식은 유지된다($Y-P=S-P$).

동치 관계를 표현할 수 있는 이러한 유연성은 방정식을 해결하기 위한 시작 단계이다. 이는 단순히 규칙에 의존하기보다, 비교되는 양들에서 같은 양을 더하거나 빼더라도 등식이 유지된다는 것을 아는 것이다. 예를 들어 $27=x+14$와 같은 방정식을 풀기 위하여 27과 $x+14$라는 두 양에서 각각 14를 빼서 동치 관계를 유지할 수 있다. 그렇지 않으면, 대안적으로 다음과 같은 동치 방정식을 쓸 수도 있다.

$$27 = 14 + x$$
$$27 - 14 = x$$
$$27 - x = 14$$

방정식을 풀기 위해, $27 = 14 + x$의 양변에서 14를 빼는 것 대신, 동치 방정식 $27 - 14 = x$를 사용할 수 있다.

양의 관계에 대한 이러한 아이디어는 이야기나 실세계 맥락이 없는 문제를 이해하는 능력을 개발하는 데 중요한 역할을 한다. $3x + 4 = 8 - x$와 같은 방정식이 주어졌을 때, 문제 해결자는 주어진 관계가 두 양 $3x + 4$와 $8 - x$가 같다는 것을 나타낸다는 것을 이해할 수 있다. 등호에 대한 관계적 이해가 없다면, 위 방정식에서 미지수 x를 두 양을 같게 만드는 값으로 해석하지 못하고, 대신 방정식을 해결하여 구해야 하는 값이라고 제한적인 해석을 하게 된다. 이러한 차이는 작아 보일 수 있으나, 방정식의 해결법과 과정을 이해하기 위한 개념적인 접근에 중요한 영향을 미친다.

여기서 양적 추론에 대한 접근은 양 사이의 관계에 대한 일반화로 시작했다. 이러한 관점을 사용하여, 양적 추론은 양을 변화할 수 있는 어떤 것으로 인식하도록 돕는 수단이 될 수 있을 것이다.

핵심 아이디어 5
대수로 가는 경로로써 함수적 사고

Big idea

함수적 사고는 공변하는 양 사이의 관계를 일반화하기, 이러한 관계를 말, 기호, 표, 또는 그래프로 표현하기, 함수 행동을 분석하기 위해 다양한 표현을 가지고 추론하기를 포함한다.

핵심 아이디어 5에 관한 필수 이해를 논의하기에 앞서, 3~5학년에서 대수의 핵심 아이디어 가운데 하나로 함수적 사고(functional thinking)를 언급한 이유에 대해 간략히 설명하고자 한다. 함수는 수학의 방대한 영역으로 대수를 뒷받침하는 역할을 할 필요가 없다. 하지만 함수는 대수로의 중요한 진입로를 제공할 수 있다(Carraher & Schiliemam, 2007). 특히 대수적 이해를 신장시키기 위한 맥락으로써의 함수는 양적인 상황에서의 관계를 이해하기 위해 여러 가지 표현을 사용하면서 대수와 관련된다(Ellis, 2011; Kieran, 1996). 대수를 이런 식으로 해석하면서, 이 책에서는 다음과 같은 대수적 이해를 신장시킬 수 있는 함수의 수학적 양상에 초점을 둔다.

① 관계를 일반화하기
② 관계를 다양한 방식으로 표현하기
③ 일반화를 가지고 추론하기.

의자 1개당 의자 다리의 개수가 4개일 때 의자 20개의 다리 개수를 구하는 산술 과제는 **임의의** 의자 개수에 대한 다리의 개수라는 일반화된 관계와 규칙을 찾는 대수 과제로 확장시킬 수 있다([생각해보기 1.2]의 의자와 의자 다리 문제를 참고하시오). 또한 이러한 관계를 설명하는 것은 기호적이고 대수적인 표기법을 이해하는 데 도움이 될 수 있다. 비록 처음에는 이러한 관계를 일상 언어로 서술하지만(“다리의 개수는 의자 개수의 4배이다."), 나중에는 의자의 개수를 C, 의자 다리의 개수를 L로 나타낼 때 $L=4C$와 같이 기호적으로 관계를 표현할 수 있다. 일반적으로 문자의 선택은 임의적이거나 실용적인 이유로 특정 문자를 선택하도록 안내할 수 있다. 또한 수학은 변수를 표현할 때 대문자나 소문자와 관련된 관습을 가지고 있기는 하지만 여기서 대문자를 선택한 것은 임의적인 것이다.

일상 언어와 대수 표기법은 함수적 관계를 나타낼 수 있는 여러 가지 방법 중 단지 두 가지 방식일 뿐이다. 관계를 나타내기 위해 표를 만들거나 그래프를 그릴 수도 있다. 핵심 아이디어 5와 관련지어 뒤에서 논의하겠지만, 서로 다른 표현은 함수를 해석하거나 함수에 대해 추론할 수 있는 방식에 대한 서로 다른 시각을 제공하며, 이러한 표현들이 어떻게 서로 연결되는지 이해하는 것은 중요하다.

마지막으로 다리가 5개인 의자를 생각해본다면, 일반화된 관계 $L=4C$로부터 추론하여 새로운 관계 $L=5C$가 된다고 결정할 수도 있다. 즉, 문제 진술의 유일한 변화인 "의자는 4개가 아닌 5개의 다리를 가지고 있다."는 가정은 $L=4C$로부터 $L=5C$라는 관계의 변화로 반영된다. 이런 의미에서 볼 때, 함수는 단지 구조를 인식하는 것만이 아니라 구조에 대해 추론하는 것도 학습하도록 돕는다.

이러한 아이디어는 초등학교에서의 함수 학습이 초기 대수적 사고의 핵심적 양상이나 필수적인 이해에 어떻게 영향을 미칠 수 있는지를 제시한다. 이 책은 함수의 특별한 성질을 염두에 두면서, 필수 이해에 대한 논의를 시작할 것이다.

1) 두 집합 사이의 관계로서의 함수

필수 이해 5a. 함수는 두 집합 사이의 특별한 수학적 관계로, **정의역**이라 불리는 첫 번째 집합의 원소 각각이 **공역**이라 불리는 두 번째 집합의 원소에 유일하게 관련된다.

다음의 과제에 대해 생각해보자(Anku(1997)에서 인용).

[정사각형과 꼭짓점 문제]
[그림 1.11]과 같이 배열된 정사각형이 주어졌다고 가정해보자. 각각의 배열에서 정사각형의 개수와 꼭짓점의 개수 사이의 관계를 어떻게 설명할 수 있는가? 100번째 배열, 즉 정사각형 100개를 가진 배열에서 이러한 관계를 어떻게 설명할 수 있는가? n번째 배열에 대해 이러한 관계를 어떻게 설명할 수 있는가?

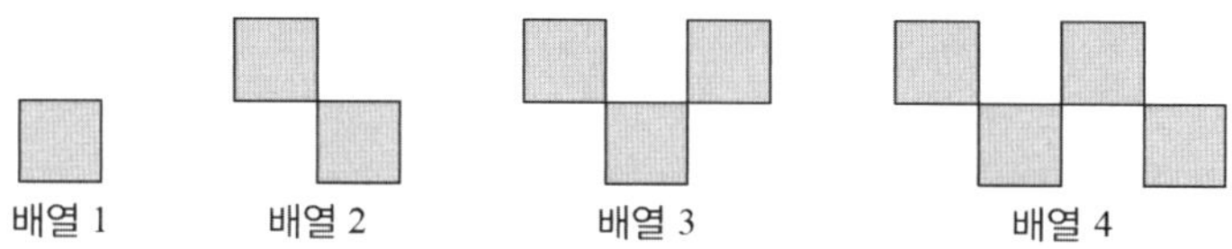

[그림 1.11] 정사각형과 꼭짓점 문제

이 과제에 제시된 정보를 조직하는 한 가지 방법은 각각의 배열에 해당하는 정사각형의 개수와 대응되는 꼭짓점의 개수를 함수표에 기록하는 것이다. 예를 들어 [그림 1.12]의 표를 보면 정사각형의 개수를 s, 꼭짓점의 개수를 v로 나타내고, 배열 1부터 배열 4에 대한 정사각형의 개수와 대응되는 꼭짓점의 개수를 기록하였다. [생각해보기 1.11]에서는 변수 s와 v를 살펴본다.

[생각해보기 1.11] 참고

필수 이해 3a는 변수의 여러 가지 역할 및 의미에 초점을 둔다는 점을 상기해 보시오.

s	v
1	4
2	7
3	10
4	13

[그림 1.12] 정사각형과 꼭짓점 문제의 함수표

생각해보기 1.11

정사각형과 꼭짓점 문제에서 변수는 어떤 역할을 합니까?

필수 이해 3a
변수의 의미는 다양한 방법으로 해석될 수 있다.

이 표에 제시된 자료를 통해 **함수(function)**라 부르는 특별한 유형의 관계를 설명할 수 있다. 함수는 한 집합의 각각의 원소가 두 번째 집합의 각각의 원소와 유일하게 짝지어지는 관계이다. 정사각형과 꼭짓점 문제에서 함수의 **정의역**(domain)으로 불리는 집합 $\{1, 2, 3, 4, \cdots\}$의 각 원소는 함수의 **공역**(co-domain)이라 불리는 두 번째 집합 $\{4, 7, 10, 13, \cdots\}$의 각 원소와 짝지어진다. 즉 각 정사각형의 개수에 대한 **유일한** 꼭짓점의 개수가 존재한다. 예를 들어, 두 번째 배열에 대응되는 꼭짓점의 개수는 정확히 7이다. 즉, 두 번째 배열에 대응되는 꼭짓점의 개수가 7과 14일 수는 없다. 일반적으로 임의의 특정한 정사각형의 배열은 정확하게 **하나의** 꼭짓점 개수와 대응된다. 이러한 유일한 대응은 두 집합의 원소 사이의 다른 관계로부터 형성된 함수와 구분된다.

함수의 **정의역**과 **공역**과 더불어, 함수의 **치역**(range)에 대하여 언급하는 것도 중요하다. 치역이란 "사용된" 공역의 원소만을 포함하는 공역의 부분집합을 말한다. 예를 들어, 이차함수 $y=x^2$은 정의역과 공역이 일반적으로 실수이지만 치역은 음수가 아닌 실수이다. 초등학교에서 사용되는 함수보다 좀 더 복잡한 함수에서 치역을 파악하는 것은 때때로 어려운 일이다. 이 책에서는 치역보다 좀 더 포괄적인 개념인 공역을 다룰 것이다.

함수에서 첫 번째 집합의 n번째 원소가 두 번째 집합의 n번째 원소와 짝지어진다는 논의는 참일 수 있지만, 그러한 짝짓기가 모든 함수에서 가정되어서는 안 된다.

함수의 정의역과 공역의 원소는 대개(하지만 반드시는 아닌) 수이며, 관계는 원소들 사이의 직관적인 짝짓기가 아닐 수도 있다. 관계는 연속적인 수학 연산(예를 들어, "의자 다리의 개수는 의자 개수의 4배이다.")으로 설명될 수 있는 것이 아닐 수 있다. 다음의 두 집합을 살펴보자. {△, ◇, □}와 {A, B, C, D}. 다음과 같이 대응시킴으로써 이러한 집합 사이의 함수적 관계를 정의할 수 있다. {(A, □), (B, ◇), (C, ◇), (D, △)}. 여기서 A는 □, B는 ◇, C는 ◇, D는 △와 짝지어진다. 이러한 짝짓기가 함수가 될 수 있는 것은 집합 {A, B, C, D}의 각 원소가 집합 {△, ◇, □}의 원소 1개와 짝이 되기 때문이다. 이 예에서, 정의역과 공역은 숫자로 이루어진 집합

함수와 함수가 아닌 관계에 관한 좀 더 자세한 논의는, 「함수의 필수 이해 : 9학년~12학년까지」(Cooney 외, 2010)를 참고하시오.

이 아니다. 또한 집합 사이의 관계는 직관적이지 않을뿐더러 연속적인 수학 연산으로 설명될 수도 없다. 즉, □를 산출하기 위해 A에 수학적인 어떤 것도 "하지" 않는다.

여러 가지 함수 유형에 관한 자세한 논의는 「함수의 필수 이해 : 9학년~12학년까지」(Cooney 외, 2010)를 참고하시오.

하지만 초기 대수에서 다루는 함수는 일반적으로 수 집합 사이의 관계를 기반으로 하며, 이러한 함수들은 잘 작용하고(behaved) 닫힌 형식의 수학 규칙을 가지고 있다(예, $L=4C$). 함수를 좀 더 형식적으로 학습하는 후속 학년에서는 반드시 이와 같지는 않으며, 모든 함수가 이러한 식으로 표현될 수 있는 것도 아니다. 마지막으로 초등학교의 대수 수업에서 함수나 함수의 정의역, 공역과 같은 개념을 명확하게 정의하지는 않지만, 초등학교 교사들이 이러한 개념들 간의 미묘한 특징과 함수 관계에 대한 특별한 성질을 인식하는 것은 중요하다.

2) 공변적 관점

필수 이해 5b. 함수는 두 양 사이의 공변을 표현하기 위한 도구로 이해될 수 있다.

필수 이해 5a
함수는 두 집합 사이의 특별한 수학적 관계로, 정의역이라 불리는 첫 번째 집합의 원소 각각이 공역이라 불리는 두 번째 집합의 원소에 유일하게 관련된다.

필수 이해 5a에 제시된 함수의 특징을 살펴보면 역사적으로 학교수학에서 함수를 어떻게 다루어왔는지가 반영되어 있지만, 여러 함수적 관계에 내재된 공변을 완전하게 전달하지는 않는다(Ellis(2011) 참고). 예를 들어, 정사각형과 꼭짓점 문제에 내재된 함수적 관계를 엄밀히 말하자면, 각 배열의 정사각형의 개수를 포함하는 집합($\{1,2,3,4,5,\cdots\}$)의 원소 각각이 각 배열의 꼭짓점의 개수를 포함하는 집합($\{4,7,10,13,16,\cdots\}$)의 원소와 유일하게 관련되는 관계이다.

하지만 양들이 서로 관련되어 어떻게 변하는지에 대한 관계를 생각해 볼 수도 있다. 정사각형의 개수가 1씩 증가할 때마다, 꼭짓점의 개수는 3씩 증가한다. 함수에 대한 공변적 관점은 양들의 공변을 나타내는 도구로서의 함수에 초점을 두기 때문에 중요하며, 이것은 변화율이나 미적분 기본 개념의 중요한 발판이 되는 아이디어이기도 하다(Smith & Confrey, 1994). 일반적으로 정사각형과 꼭짓점 문제와 같은 초기 대수에서 사용되는 함수 과제는 공변적 관점으로 이해될 수 있다.

3) 함수에서 변수의 성질

필수 이해 5c. 동시에 변하는 두 양 사이의 함수적 관계에서 변수는 **독립적** 또는 **종속적**이며 이산량 또는 연속량을 나타낸다.

뒤에서 더욱 상세하게 살펴보겠지만, 정사각형과 꼭짓점 문제에서 함수적 관계나 함수 규칙은 꼭짓점의 개수가 v, 정사각형의 개수가 s일 때 $v = 3s + 1$로 표현될 수 있다. v는 s에 관하여 표현되기 때문에 꼭짓점의 개수인 v는 정사각형의 개수인 s에 종속된다고 말할 수 있다. 이 경우, s는 **독립변수**(independent variable), v는 **종속변수**(dependent variable)로 특징지을 수 있다. 각 배열의 변화에서 꼭짓점의 개수는 정사각형의 개수에 따라 달라질 것이라는 것을 문제 자체에서 제시하기 때문에, 이것은 합리적인 선택이다. 하지만 독립변수와 종속변수의 선택은 어느 정도 임의적이다. 예를 들어, s를 v의 함수로 나타내기 위하여 $v = 3s + 1$을

$$s = \frac{v-1}{3}$$

로 다시 표현할 수도 있기 때문이다. 하지만 일반적으로 초기 대수의 함수 과제에서는 독립변수와 종속변수를 자연스럽게 선택하도록 지지한다.

또한 초기 대수에서 사용되는 함수 과제의 변수는 일반적으로 이산량을 포함하는데, 이는 이산량이 어린 학생들의 수에 대한 경험을 가장 잘 반영하기 때문이다. 이러한 변수값은 거미 다리

의 개수, 실 한 가닥의 조각의 개수, 축제에 참여한 사람의 수 등을 포함한 구체적인 상황으로부터 생겨날 수 있다. 하지만 초등학교 교사들은 이것이 모든 함수의 경우가 아니라는 것을 이해해야 한다. 초등학교 이후에 함수 학습이 심화됨에 따라, 변수는 종종 아동의 키나 용기에 담긴 액체의 부피와 같은 연속량을 나타내고, 때때로 "복잡한" 실세계 자료가 기반이 된다(Common Core State Standards Initiative, 2010; NCTM, 2000).

4) 다양한 유형의 함수 관계

필수 이해 5d. 함수를 다루는 데 있어, 서로 관련되어 변하는 양 사이에서 재귀적 패턴, 공변 관계, 대응 규칙과 같은 패턴 또는 관계의 여러 가지 중요한 유형이 관찰될 수 있다.

서로 관련지어 변하는 양들을 다루는 학생들의 활동이 확장되고 그들의 수학 경험이 성장함에 따라, 양들이 서로에 대하여 변하는 방식의 패턴이나 관계 유형을 발견하기 시작할 수 있다.

재귀적 패턴(recursive pattern)은 하나의 값의 배열에서의 변화를 설명한다. 예를 들어, 정사각형과 꼭짓점 문제에서 꼭짓점의 개수가 수 배열 4, 7, 10, 13, ⋯에서 어떻게 달라지는지에 대한 패턴을 확인할 수 있다. "4에서 시작하여 3을 더한다." 또는 좀 더 간단하게 시작값 4와 함께 "3을 더한다."와 같은 문장으로 비형식적으로 표현될 수 있다([그림 1.13] 참고).

s	v	
1	4	+3
2	7	
3	10	
4	13	

[그림 1.13] 정사각형과 꼭짓점 문제의 재귀적 패턴

일반적으로, 재귀적 패턴은 앞의 수나 수들로 이루어진 순서에서 원하는 수를 어떻게 구했는지 보여준다. 하지만 재귀적 패턴은 오직 변수 1개의 변화에만 초점을 두기 때문에 활용하는데 한계가 있다. 특히 큰 독립변수의 값에 대응되는 함숫값(funtion value)의 정보를 얻기 위해서는 대응되는 이전의 모든 함숫값을 계산해야한다. 예를 들어 100번째 정사각형 배열(배열 100 또는 $s = 100$일 때)의 꼭짓점의 개수를 구하기 위해서는 이전의 99번째 정사각형의 꼭짓점의 개수를 알아야 한다. 손으로 이것을 계산하는 것은 비효율적일 것이다. 재귀적 패턴을 사용할 때 컴퓨터 소프트웨어와 같은 좀 더 정교화 된 도구가 함숫값을 더욱 쉽게 계산할 수 있게 하지만, 일반적으로 초기 대수에서 이러한 도구는 사용하지 않는다.

재귀적 패턴의 또 다른 한계점은 독립변수에 대한 어떠한 분석도 하지 않는다는 점이다. "4에서 시작하여 3을 더한다."를 수열 4, 7, 10, 13,⋯의 패턴으로 파악하는 것은 정사각형의 개수 또는 정사각형의 특정한 개수가 꼭짓점의 개수를 나타내는 수열에서의 대응되는 값과 어떻게 관련되는지에 대한 정보를 필요로 하지 않는다. 즉, 양들 사이의 **공변(covariation)**을 다루지 않는다. 따라서 재귀적 패턴을 찾는 것이 자료를 이해하기 위한 첫 번째 단계이지만, 함수적 사고를 위해서는 하나의 수열 이상을 관찰하고 양들이 어떻게 **서로 관련되어 변하는지**, 즉 **공변하는지** 이해해야 한다.

공변적 사고(covariational thinking)는 두 양이 서로 관련되어 어떻게 변하는지 분석하고 함수를 설명할 때 그러한 변화를 분명히 하는 것이다. 정사각형과 꼭짓점 문제에서 공변적 사고는 다음과 같이 관계를 설명할 수 있다. "정사각형의 개수가 1씩 증가할수록, 꼭짓점의 개수는 3씩 증가한다."([그림 1.14] 참고)

s	v
1	4
2	7
3	10
4	13

(+1: 2 → 3, +3: 7 → 10)

[그림 1.14] 정사각형과 꼭짓점 문제의 공변

또는 정사각형의 개수와 꼭짓점의 개수 사이의 관계는 다음의 문장으로 묘사될 수도 있다. "꼭짓점의 개수가 3씩 증가할수록, 정사각형의 개수가 1씩 증가한다." Hector라는 아동은 공변 관계를 다음과 같이 설명했다. "수를 1개 더 얻을 때마다, 그것보다 3을 더 얻는다." 비록 Hector의 언어는 약간 모호하지만, 이러한 설명은 Hector가 두 양이 관련되어 어떻게 변하는지 표현하기 위한 시도라는 것을 분명하게 드러낸다.

양이 대응하여 변화하는 것, 즉 공변을 이해하는 것은 함수적 사고의 중요한 측면이다. 하지만 함수를 완벽하게 이해하기 위해서는 두 양 사이의 관계를 단지 공변으로 파악하기보다 양 사이의 관계에 대하여 더욱 확장된 탐구가 필요하다. **대응 관계(correspondence relationship)**는 함수 규칙으로 표현되는 두 양 사이의 상관관계이다. 정사각형과 꼭짓점 문제의 대응 관계를 밝히기 위하여, 한 아동은 처음에는 꼭짓점의 개수를 어떻게 알았는지 설명했다. "저는 정사각형의 개수에 3을 곱하고 거기에 1을 더했어요." 이 학생의 아이디어를 바탕으로, 또 다른 학생은 정사각형의 개수를 s, 꼭짓점의 개수를 v라고 할 때, 기호로 $s \times 3 + 1 = v$라고 적었다. 이와 같은 내용이 시사하듯, 대응 관계는 두 양 사이의 일반화된 관계를 파악하는 것이다. 즉 대응 관계는 하나의 값에 대한 변화를 서술하거나(재귀적 패턴에서 "3을 더한다."와 같은 것), 어떻게 하나의 양이 다른 양과 관련되어 변하는지 서술하는 것(예, "정사각형의 개수가 1씩 증가할 때, 꼭짓점의 개수가 3씩 증가한다.") 이상을 뜻한다.

대응 관계의 규칙은 다른 함숫값을 모르더라도 특정한 함숫값에 대한 정보를 쉽게 결정할 수 있게 하기 때문에 특히 유용하다. 예를 들어, 다른 함숫값에 관하여 아무런 정보가 없더라도, $v=3s+1$의 규칙을 사용하여, 1,000번째 정사각형 배열의 꼭짓점의 개수가 $(3\times1000)+1=3001$이 된다는 것을 쉽게 계산할 수 있다. 만일 재귀적 패턴만을 알고 1,000번째 정사각형의 배열의 꼭짓점의 개수를 계산하고자 한다면, 999번째 정사각형까지 모든 배열의 꼭짓점의 개수를 알아야 할 것이다.

다양한 함수에 대하여, 함수표의 관계를 살펴보거나 문제 맥락에 대한 추론을 통하여 여러 가지 함수의 규칙을 파악할 수 있다. 비록 고급 수학에서는 정교한 기술이 요구되지만, 초기 대수에서 사용되는 함수 자료는 위와 같은 방법들로도 분석이 가능하다. 함수표에서 규칙을 밝힐 때에는 예상과 확인 방법이 자주 사용된다. 하지만 문제 맥락으로부터 추론한다면 좀 더 체계적일 수 있다. 기하 패턴과 관련된 문제 맥락은 관계의 변화를 시각화하는데 매우 중요하고, 시각적인 전략을 함께 사용하는 것은 함수 관계를 수치적 전략으로만 파악하는 것보다 더욱 강력할 수 있다(Rivera & Becker, 2005).

예를 들어 꼭짓점과 정사각형 문제에서 정사각형의 개수에 따라 꼭짓점 개수의 변화를 어떻게 세는지 주의 깊게 살펴보면 규칙을 발견할 수 있다. 기존 정사각형의 배열에 정사각형이 1개 더해질 때마다 새로운 배열에는 꼭짓점이 3개가 추가되는 것이다([그림 1.15] 참고).

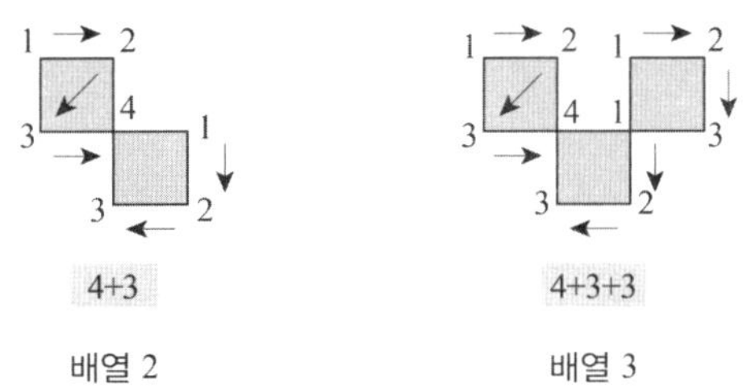

[그림 1.15] 배열 2와 배열 3에서 꼭짓점의 개수를 체계적으로 세기

각 배열에서 이러한 패턴을 추적해보면, 배열 1부터 배열 4의 꼭짓점의 개수를 4, 4+3, 4+3+3, 4+3+3+3으로 나

타낼 수 있다. 모든 합에서 4가 일정하며 배열의 수(또는 정사각형의 개수)에 따라 3배의 개수가 변화한다. 특히 특정한 배열에 대한 꼭짓점의 개수에서 3의 개수는 정사각형의 개수보다 1 작은 $s-1$이 된다. 따라서 s개 정사각형 배열에 따른 3의 개수의 합은 $3\times(s-1)$로 표현될 수 있다. 이러한 정보를 종합하여 꼭짓점의 개수를 $v=4+3\times(s-1)$로 나타낼 수 있다. 이것은 분배 법칙을 사용하여 $v=4+3(s)-3(1)$, 즉 $v=3s+1$로 간단히 할 수 있다.

더 나아가 이러한 규칙은 문제 맥락과 관련시켜 해석할 수 있는데, 각 배열에 대해 첫 번째 정사각형에서 꼭짓점 1개, 그리고 그 배열에 있는 **정사각형의 개수**마다 꼭짓점 3개가 있다(즉, $3s$)는 것을 주목할 수 있다. 이때, 합 $3s+1$은 꼭짓점의 총 개수가 된다.

함수 규칙은 함수 행동을 추론할 수 있는 중요한 도구이다. 고급 수학에서 미적분학 도구를 사용하여 함수를 나타내는 규칙을 분석하면 시간에 따른 양의 변화나 축적의 비율을 알아낼 수 있다. 날씨 패턴의 변화, 자연력의 피해에 의한 물리적 구조의 안정성, 집단 내 바이러스 증가와 같은 실세계 현상은 그러한 행동을 모델화하기 위하여 함수를 사용하며, 더 나아가 그러한 행동의 변화를 이해하기 위하여 함수를 분석한다. 더욱 발전된 함수 연구는 이러한 영역으로 확장된다. 따라서 초기 대수가 왜 단순한 재귀적 패턴 이상을 살펴보고 공변과 대응 관계에 대한 학습을 시작해야만 하는지에 대한 유의미한 수학적 근거는 존재한다. [생각해보기 1.12]는 실용적인 적용과 더불어 이러한 논의를 마무리 짓는다.

생각해보기 1.12

정사각형과 꼭짓점 문제를 참고로 활용하여, 학생에게 사용할 수 있는 함수 과제를 설계하시오.
그 함수에서 재귀적 패턴, 공변 관계, 대응 규칙을 밝히시오.

5) 함수의 여러 가지 표현

필수 이해 5e. 함수는 말, 기호, 표, 그래프를 포함한 다양한 형식으로 표현될 수 있다.

함수를 풍부하게 이해하는 것은 **표현의 유창성**(representational fluency), 즉 함수를 다양한 방식으로 표현할 수 있고 이러한 다양한 표현들을 유창하게 탐색할 수 있는 능력으로 특징지을 수 있다. 「학교수학을 위한 원리와 규준」에 명시화된 표현 규준을 살펴보면 모든 학생들이 다음을 할 수 있는 수업을 요구하고 있다.

- 수학적 아이디어를 조직하고 기록하며 의사소통하기 위하여 표현을 창안하고 활용할 수 있다.
- 문제를 해결하기 위하여 수학적 표현을 선정하고 적용하며 변환할 수 있다.
- 물리적, 사회적, 수학적 현상을 모델링하고 해석하기 위하여 표현을 활용할 수 있다.

함수를 파악하고 추론하기 위해 이용된 표현은 이러한 규준을 반영해야만 한다. 정사각형과 꼭짓점 문제에서 함수표를 사용하여 정사각형과 꼭짓점의 개수에 관한 정보를 조직하고 기록하였다([그림 1.12] 참고). 이러한 표 표현은 자료를 조직하는 데 도움이 되어 자료에 내재된 관계를 좀 더 명확하게 할 수 있다. 그 다음 이러한 표는 언어로 재귀적 패턴("4에서 시작하여 3을 더한다.")과 대응 규칙 또는 함수("꼭짓점의 개수는 정사각형 개수의 3배에 1을 더한 것이다.")를 파악하는 데 활용되었다. 또한 함수에 대하여 이해한 것을 기호적인 규칙 $v=3s+1$로 적어서 표현하였다. 나아가 이러한 함수 표현(언어, 기호 규칙, 표)을 사용하여 데카르트 좌표계에 그래프를 그릴 수 있었다([그림 1.16] 참고).

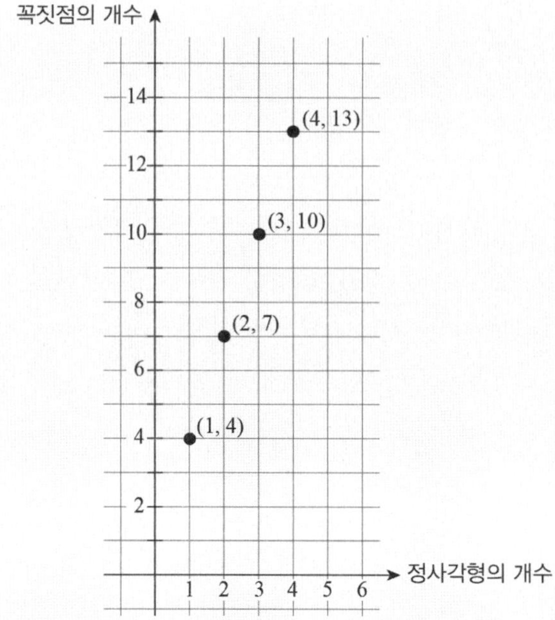

[그림 1.16] 정사각형과 꼭짓점 문제를 나타내는 그래프의 일부

초등학교에서의 좌표 그래프는 일반적으로 점을 찍어 그려 나간다. 좌표 그래프에서는 몇 가지 고려해야할 점이 있다. 첫째, [그림 1.16]에는 점을 연결하는 선이 없이 오직 점만이 그려져 있다. 선 위의 모든 점이 이 문제의 조건을 만족한다는 의미로 그래프의 선을 해석할 수 있는데, 이것은 이 문제에는 분명히 해당되지 않는다. 엄밀히 따지면 선 위의 모든 점은 등식 $v=3s+1$을 만족한다. 예를 들어, 점 $\left(\frac{1}{3}, 2\right)$는 이 값들을 등식 $2=\left(3\times\frac{1}{3}\right)+1$에 대입하면 식이 참이 되기 때문에 선 위의 점이다.

하지만 정사각형과 꼭짓점 문제에서는 오직 범자연수만이 적합하다. 예를 들어 정사각형 또는 꼭짓점의 개수가 분수나 음수일 수는 없다. 다른 상황에서는 당연히 또 다를 수 있다. [생각해보기 1.13]을 읽고 가능한 상황을 생각해보기를 바란다. 또한 그래프에는 단지 4개의 점만 보일지라도 그것은 무한대로 이어져서 더욱 많은 점들을 보여줄 수 있는데, 정사각형의 개수와 이에 따른 꼭짓점의 개수가 증가할 수 있기 때문이다.

이런 의미에서 그래프에 묘사된 정보가 항상 완전한 그림을 보여주는 것이 아니라는 것을 이해하는 것이 중요하다. 유사하게 [그림 1.14]와 같은 표가 항상 이야기의 전부를 전달하는 것은 아니다.

생각해보기 1.13

그래프의 점을 연결하기에 적절한 문제 상황을 생각해 볼 수 있는가?

표현의 유창성은 "문제를 해결하기 위하여 수학적 표현을 선정하고 적용하며 변환하고" 물리적, 사회적, 수학적 현상을 모델링하고 해석하기 위하여 표현을 활용할 수 있는 능력과도 관련된다(NCTM, 2000, p. 67). 이러한 유창성을 가진 사람은 특정한 하나의 표현이 다른 표현에 비하여 반드시 "더 좋은" 것이 아니며, 서로 다른 표현들은 문제 해결을 촉진할 수 있는 관계를 이해할 수 있는 서로 다른 방법을 제공한다는 것을 인식할 수 있다. 이에 대한 이해를 심화하기 위하여, 우선 [그림 1.17]에 제시된 과제를 해결해 본 뒤 [생각해보기 1.14]를 살펴보면서 추론 전략 및 표현 활용에 대하여 알아보기를 바란다.

레이몬드는 얼마의 돈을 모았습니다. 레이몬드의 할머니는 상으로 2가지 거래를 제안했습니다.

거래 1: 레이몬드가 가진 돈의 2배를 준다.
거래 2: 레이몬드가 가진 돈의 3배에서 7달러를 뺀 만큼의 돈을 준다.

레이몬드는 가장 좋은 거래를 선택하고 싶습니다. 어떤 거래를 선택해야 할까요? 레이몬드가 가장 좋은 거래를 결정하도록 어떻게 도울 수 있을까요? 한 가지의 거래가 항상 더 좋을까요? 그 이유는?
(간단하게 레이몬드는 달러로만 돈을 가지고 있다고 가정합니다.)

[그림 1.17] 최고의 거래(The Best Deal) 문제
(Brizuela & Earnest(2008)에서 인용)

생각해보기 1.14

거래 1과 거래 2에 제시된 관계를 어떻게 표현할 수 있습니까? 이 과제를 해결하면서 표현들을 어떻게 탐색할 수 있습니까? (예를 들어, 표를 사용하여 그래프를 그렸습니까? 그래프를 사용하여 기호 규칙을 만들었습니까? 그 밖의 다른 것을 했습니까?)

레이몬드가 가지고 있는 돈의 양을 c라 하자. 그러면 거래 1에서 레이몬드의 할머니께서 그에게 주게 될 돈의 양은 c를 2배 한 $2c$로 표현할 수 있다. 거래 2의 경우, 할머니께서 주실 돈의 양은 c를 3배한 것보다 7달러 적은 $3c-7$로 표현할 수 있다. 그 다음 [그림 1.18]과 같이 2개의 함수를 표와 그래프 표현으로 나타낼 수 있다.

지금까지 수학적 문제를 다양한 방법으로 표현해왔지만, 요점은 최고의 거래가 무엇인지 알아보기 위하여 이러한 표현을 어떻게 해석하는가이다. 함수의 여러 가지 표현을 해석하는 방법을 이해하는 것은 함수에 대하여 풍부하게 이해한다는 것을 뜻한다. [생각해보기 1.15]는 레이몬드 할머니의 제안에 대한 표현을 해석할 수 있는 가능성을 탐구하도록 독려한다.

[생각해보기 1.15] 참고

거래 1

c	$2c$
1	2
2	4
3	6
4	8
5	10
6	12
7	14
8	16

거래 2

c	$3c-7$
1	−4
2	−1
3	2
4	5
5	8
6	11
7	14
8	17

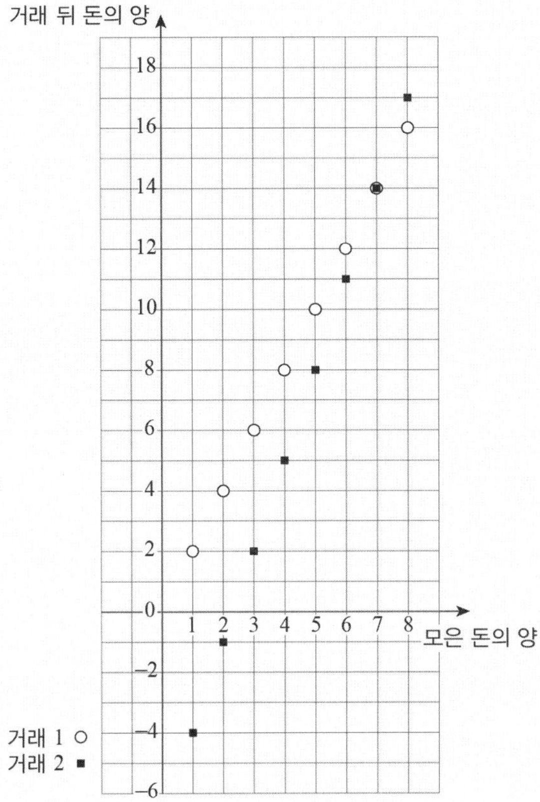

[그림 1.18] 각 거래에 대한 돈의 양을 나타내는 함수의 표와 그래프

생각해보기 1.15

레이몬드 할머니가 제안하는 최고의 거래를 파악하기 위하여 표를 어떻게 사용할 수 있습니까?
그래프를 통하여 최고의 거래를 어떻게 결정할 수 있습니까?
최고의 거래를 가장 쉽게 결정할 수 있도록 돕는 표현은 무엇입니까? 그 이유는 무엇입니까?

[그림 1.18]의 표에 제시된 함숫값(또는 레이몬드의 할머니가 주게 될 돈의 양)을 통해 레이몬드가 가진 돈이 7달러보다 적을 때 거래 1이 거래 2보다 좋다는 것을 알 수 있다. 7달러보다 적은 돈을 각각 살펴보면, 대응되는 함숫값이 거래 2에 비해 거래 1에서 더 많다. 이와 동일한 정보는 그래프에서 레이몬드

가 7달러보다 적게 가지고 있을 때 거래 1의 그래프 각 점이 거래 2의 그래프의 대응되는 점보다 위에 있다는 것을 관찰함으로써 추측할 수 있다. 유사한 추론을 활용하여, 레이몬드가 8달러 또는 그 이상을 가지고 있다면 거래 2가 더 좋다는 것을 표나 그래프를 통하여 알 수 있다. 하지만 표에서는 만약 레이몬드가 7달러를 가지고 있다면 두 가지의 거래에서 같은 양을 받게 된다는 것도 보여준다. 이러한 정보가 그래프에서는 거래 1과 거래 2 각각의 그래프의 교차점으로 제시된다.

요약하면 이러한 표현을 통하여, 레이몬드가 선택해야하는 거래는 그가 현재 가지고 있는 돈의 양에 좌우된다는 것을 알 수 있다. 만약 7달러보다 적게 가지고 있다면 거래 1을 선택해야하고 7달러보다 더 많이 가지고 있다면 거래 2를 선택해야 한다는 것이다. 그리고 만약 7달러를 가지고 있다면, 어떤 거래를 선택하든지 상관없다. 이 문제를 통하여 알 수 있듯이, 다양한 방법으로 함수를 표현하는 것은 수학적 상황에 대해 생각하는 서로 다른 방법을 수용하고, 이러한 유연성을 통하여 함수 행동을 해석하는 방법에 대한 이해를 강화시킬 수 있다는 장점을 가진다.

선형, 2차, 지수 함수에 관한 좀 더 자세한 논의는 「식, 방정식과 함수의 필수 이해 : 6학년~8학년까지」(Lloyd 외, 2011)를 참고하시오.

6) 함수 행동을 이해하기 위하여 변화 분석하기

필수 이해 5f. 서로 다른 유형의 함수는 근본적으로 서로 다른 방식으로 행동하며, 함수 행동에서 변화 또는 변동을 분석하는 것은 이러한 차이점을 포착하는 하나의 방법이다.

「함수의 필수 이해 : 9학년~12학년까지」 (Cooney 외, 2010)는 선형, 2차, 지수 함수 및 그 밖의 유형의 함수에 관한 확장된 논의를 제공한다.

함수의 형태와 크기는 다양하지만, 초기 대수에서 다루는 함수적 사고 과제의 대부분은 선형, 2차, 지수 관계를 나타낸다. 이러한 함수를 상세히 다루는 것은 이 책의 범위를 벗어나는 것으로, 여기서의 목적은 함수가 어떻게 변화하는지에 따라 이러한 함수 유형 사이의 특징을 살펴보는 것이다. 함수를 구분할 때에는 함수가 증가 또는 감소하는지의 여부와 그 방식이 중요하다. 함수 행동의 변화에 관한 연구는 대수보다는 미적분학에 좀 더 확고히 기원을 두고 있을 것이며, 변화와 변동은 미분학 연구를 형성하는 기본적인 개념이다. 하지만 변화를 분석하는 것은 기호 규칙, 표, 그래프 등에 묘사된 일반화를 가지고 추론할 수 있는 기회를 제공하고, 이러한 경험은 대수적 이해의 신장을 도모한다.

선형 함수의 핵심적인 특징은 일정한 비율로 증가 또는 감소한다는 점이다. 예를 들어 정사각형과 꼭짓점 문제에서 함수표를 살펴보면 정사각형 개수가 증가할 때마다 일정한 변화가 산출되는데, 이 경우에는 꼭짓점의 개수가 3개씩 증가한다는 것을 알 수 있다. 이것은 이전에 "4에서 시작하여 3을 더한다."([그림 1.13] 참고)로 특징지을 수 있는 재귀적 패턴에서 확인할 수 있었다. 다른 방식으로 말해보면, 임의의 연속된 두 함숫값 사이에는 항상 3만큼의 일정한 값의 차이가 존재한다. 증가율이 일정하기 때문에 두 양 사이의 관계가 선형이 된다고 할 수 있다. **상수 함수**(constant functions)는 선형 함수의 특별한 경우로, 독립변수의 단위가 변화할 때 종속변수에서 0만큼의 변화를 산출한다. 이러한 "증가"율은 증가가 없다는 것으로 해석할 수 있으며, 이 때 상수 함수의 그래프는 수평선이다.

연속된 함숫값의 차이가 일정하지 않은 함수를 **비선형**(nonlinear)이라고 한다. 초기 대수에서 사용되는 비선형 함수에는 2차 함수와 지수 함수라는 두 가지의 특별한 유형이 있다. 다음의 과제를 살펴보면 선형 함수, 2차 함수, 지수 함수의 행동에서 나타나는 차이점에 대하여 좀 더 이해할 수 있다.

> [애벌레의 먹이 문제]
> 애벌레 3마리가 서로 다른 방법으로 각각 먹이를 먹고 있다. 애벌레 A는 방법 A로, 애벌레 B는 방법 B로, 애벌레 C는 방법 C로 먹고 있다. 이러한 방법으로 먹이면서, 각각의 애벌레의 길이를 일주일 동안 매일 측정하여 서로 다른 표에 기록하였는데 표에서 D는 측정 날짜를, L은 대응하

는 애벌레의 길이를 밀리미터 단위로 나타낸 것이다. [그림 1.19]는 3마리 애벌레에 대한 표이다. 먹는 방법 외에는 애벌레의 성장에 영향을 준 요인이 뚜렷하게 없다고 가정했을 때, 방법 A, B, C 가운데 애벌레의 길이를 증가시키는 데 가장 효과적인 것이 무엇이라고 생각하는가?

방법 A

D	L
1	3
2	5
3	7
4	9
5	11
6	13
7	15

방법 B

D	L
1	1
2	4
3	9
4	16
5	25
6	36
7	49

방법 C

D	L
1	2
2	4
3	8
4	16
5	32
6	64
7	128

[그림 1.19] 애벌레의 먹이 문제의 표

[생각해보기 1.16]에서는 위 문제를 해결하기 위한 추론 전략과 표현을 탐구한다.

생각해보기 1.16

애벌레의 먹이 문제에 나타난 각각의 함수에 대하여, 재귀적 패턴과 대응 규칙을 파악하시오.
같은 좌표축 위에 각각의 자료를 표시하여 그래프를 그리시오.
각각의 방법에서 어떤 차이점을 발견했습니까? 가장 큰 애벌레의 성장을 원한다면 어떤 방법을 선택하겠습니까? 그 이유는?

함수표에서 알 수 있듯이, 먹는 방법에 따라 각각의 애벌레가 성장하는 정도는 분명한 차이를 보인다(문제에서 기술했듯이, 먹는 방법을 제외하고 다른 어떤 요인도 성장에 영향을 주지 않았다고 가정하자). 필수 이해 5d에서 논의했듯이, 재귀적 패턴은 성장의 차이를 확인하는 데 도움을 줄 수 있다. 방법 A의 경우, 이전 함숫값에 2를 더하여 다음 함숫값(애벌레의 길이)을 얻을 수 있다([그림 1.20] 참고). 임의의 두 함숫값 사

필수 이해 5d
함수를 다루는 데 있어, 서로 관련되어 변하는 양 사이에서 재귀적 패턴, 공변 관계, 대응 규칙과 같은 패턴 또는 관계의 여러 가지 중요한 유형이 관찰될 수 있다.

이의 차이가 일정한 값이기 때문에, 함수는 선형이라 할 수 있다. 뒤에서 시간에 따른 애벌레의 길이를 나타낸 그래프를 비교하면([그림 1.22] 참고), 이 함수의 그래프가 선형이 된다는 것을 확인할 수 있다.

방법 A

D	L	
1	3	+2
2	5	+2
3	7	
4	9	
5	11	
6	13	
7	15	

[그림 1.20] 방법 A에 대한 재귀적 패턴

이에 반해, 방법 B와 방법 C를 나타내는 함수는 선형이 아니다. 예를 들어, 방법 B에서 함숫값의 차이를 연속하여 살펴보면, 3, 5, 7, 9, 11, 13으로 차이가 증가한다는 것을 알 수 있다. 방법 C의 경우, 2, 4, 8, 16, 32로 차이가 증가한다([그림 1.21] 참고). 차이가 일정한 값이 아니라고 분명하게 말할 수 있다. 또한 [그림 1.19]를 통하여 측정이 기록된 주에 방법 C의 먹이를 먹은 애벌레 길이가 가장 많은 양만큼 증가했다는 것을 알 수 있다. 비록 방법 B를 적용한 애벌레가 더 긴 길이로 시작했지만, 4일이 지나자 방법 C의 먹이를 먹은 애벌레의 길이가 더 길어지기 시작했다. 이러한 성장 패턴이 계속된다면, 방법 C의 먹이를 먹은 애벌레가 나머지 두 애벌레에 비하여 더 빨리 성장할 것이다. 반대로 방법 A의 먹이를 먹은 애벌레는 가장 천천히 성장할 것이다.

방법 B

D	L	
1	1	+3
2	4	+5
3	9	
4	16	
5	25	
6	36	
7	49	

방법 C

D	L	
1	2	+2
2	4	+4
3	8	
4	16	
5	32	
6	64	
7	128	

[그림 1.21] 방법 B와 방법 C에 대한 재귀적 패턴

애벌레 성장률의 차이는 세 가지 함수의 그래프를 비교함으로써 시각적으로 확인할 수 있다([그림 1.22] 참고). 특히 그래프를 통하여 4일 후에 방법 C와 관련된 점들이 나머지 두 방법의 점들보다 위에 있다는 것을 알 수 있다. 2일 후에는 방법 A와 관련된 점들이 나머지 두 방법의 점들보다 아래에 있다. 최종적으로 어떤 방법을 선택하느냐는 애벌레가 특정한 방법을 얼마나 오래 먹을 것이냐에 따라 다르다. 만약에 단지 며칠만 먹을 것이라면 방법 B가 최선의 선택일 것이다. 하지만 4일 이상 지속될 것이라면, 방법 C가 최고의 성장을 산출할 수 있을 것이다.

[그림 1.22]에서 그래프의 점들이 연결되었다는 것에 주목할 필요가 있다. 그리고 변수로 표현된 양은 이산량이나 연속량이라는 것을 떠올려 보자(필수 이해 3e). 변수 L은 애벌레의 길이를 나타내고 길이는 연속량이기 때문에 그래프의 점들을 연결하는 것이 적절하다.

필수 이해 3e
변수는 이산량이나 연속량을 나타낼 수 있다.

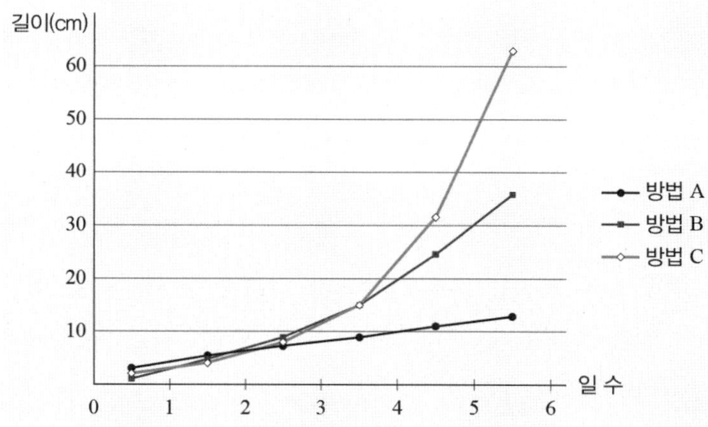

[그림 1.22] 시간에 따른 3마리 애벌레의 길이에 관한 그래프

필수 이해 5d
함수를 다루는데 있어, 서로 관련되어 변하는 양 사이에서 재귀적 패턴, 공변 관계, 대응 규칙과 같은 패턴 또는 관계의 여러 가지 중요한 유형이 관찰될 수 있다.

마지막으로 이러한 자료는 필수 이해 5d에서 제시된 대응 규칙으로 표현될 수 있다. 방법 A의 자료는 애벌레의 길이를 L, 애벌레가 먹이를 먹은 일수를 D라고 할 때, **선형** 함수 $L=2D+1$로 나타낼 수 있다. 방법 B와 방법 C에 관한 비선형 함수의 규칙은 길이를 좀 더 상세하게 관찰하고, 이러한 길이를 해당되는 날짜에 비교하여 얻을 수 있다([그림 1.23] 참고).

방법 B

D	L	L
1	1	1^2
2	4	2^2
3	9	3^2
4	16	4^2
5	25	5^2
6	36	6^2
7	49	7^2

방법 C

D	L	L
1	2	2^1
2	4	2^2
3	8	2^3
4	16	2^4
5	32	2^5
6	64	2^6
7	128	2^7

[그림 1.23] 방법 B와 방법 C의 확장된 함수표

방법 B의 경우, 표를 통하여 특정한 길이는 그 길이에 해당되는 날의 수를 제곱하여 나타낼 수 있다는 것을 알 수 있다. 예를 들어 방법 B의 애벌레의 길이는 3일째에 9밀리미터이다. 이러한 규칙은 기호적으로 애벌레의 길이를 L, 애벌레가 먹이를 먹은 날짜를 D라고 할 때, 2차 함수 $L=D\times D$ 또는 $L=D^2$과 같이 표현할 수 있다. 방법 C의 경우, 특정한 길이는 2를 D번 곱한 것으로 나타낼 수 있다. 예를 들어 3일째에 애벌레의 길이는 $2\times2\times2$ 또는 2^3의 값으로 구할 수 있다. 이러한 규칙을 기호로 표현하면 애벌레의 길이를 L, 애벌레가 먹이를 먹은 날짜를 D라고 할 때, 지수함수 $L=2^D$이 된다.

함수적 관계를 기호 형식으로 표현해 보는 학습은 대수에 매우 필수적인 기술이라 할 수 있는 기호 언어의 사용에 대한 이해와 능력을 강화시킬 수 있을 뿐만 아니라, 기호 규칙에 대한 유연성은 함수 학습이 심화될 때, 좀 더 정교한 기술을 활용하여 복잡한 함수 행동에서의 변화를 분석하는 데 도움을 준다.

이 장에서는 함수적 사고가 대수적 이해를 발달시키는 데 어떻게 도움이 되는지 설명했다. 특히 함수 학습은 특정한 수 사이의 관계로부터 수의 집합 사이의 관계로 주의를 전환함으로써 자료의 관계를 일반화하는 것과 관련된다. 또한 이러한 관계를 언어, 기호, 그래프, 표와 같은 다양한 표현으로 나타내는 것을 학습하는 것과 연관되며, 이러한 표현에 내재된 구조를 추론하고 의미 있게 문제를 해결하기 위하여 이러한 구조를 사용하는 것과 관련된다. 뿐만 아니라 변화하는 양으로써의 변수의 특별한 역할을 이해할 수 있는 맥락을 제공한다. 함수적 사고의 이와 같은 측면을 모두 활용하는 것은 대수를 "한다"는 것이 무엇인가에 관한 중요한 부분이다.

마지막으로 이 장의 아이디어들은 3~5학년 학생들의 대수적 사고를 신장하기 위하여 초등학교 교사들에게 필요한 필수적인 이해를 나타낸다는 것을 명심해야 한다. 3~5학년 학생들이 **함수, 독립변수, 종속변수**와 같은 용어의 형식적인 정의를 학습하거나, 이산량이나 연속량으로서의 변수를 확인하거나, 재귀적 패턴과 같은 특정한 유형의 관계를 설명하거나, 선형 또는 비선형의 서로 다른 유형의 함수를 형식적으로 구분할 필요는 없다. 하지만 학생들은 재귀적 패턴을 확인할 수 있고, 공변을 설명할 수 있으며, 대응(함수) 규칙을 기호화할 수 있다. 학생들은 다양한 방법으로 변화하는 양 사이의 관계를 나타낼 수 있으며, 문제를 해결하기 위하여 이러한 표현을 가지고 추론할 수 있다. 이 장은 초등학교 교사들이 더욱 폭넓게 함수를 이해하여 학생들의 사고를 적절히 안내할 수 있도록 도울 수 있는 지식과 기술을 확인하고 논의할 수 있도록 하는 것에 목적이 있다.

결론

1장에서는 초등학교 교사들을 위한 핵심적인 대수적 이해에 관한 5가지 핵심 아이디어를 살펴보았는데, 이는 산술과 대수의 연결을 강조하는 핵심 아이디어 1로 시작된다. 도입에서 언급하였듯이, 초기 대수의 핵심은 수학적 아이디어를 일반화하고, 일반화를 다양한 방식으로 표현 및 정당화하며, 일반화를 가지고 추론하는 것이다(Kaput, 2008). 핵심 아이디어는 각각

Big idea

핵심 아이디어 1
덧셈, 뺄셈, 곱셈, 나눗셈은 산술에서와 같이 대수에서도 같은 성질로 작용한다.

분리되어 논의되었지만 초등학교 교사들은 이를 연결하여 이해해야만 학생들을 초기 대수에 완전하게 참여시킬 준비가 되었다고 말할 수 있는 것이다. 핵심 아이디어간의 중요한 연결에 대해 몇 가지 예를 살펴보자.

등호의 관계적 이해를 개발하는 것은 변수의 이해와 더불어 대수를 이해하는 바탕이 된다. 등호 기호에 대한 관계적 이해는 여러 가지 중요한 수학적 아이디어를 등식으로 표현할 수 있게 한다(핵심 아이디어 2). 변수에 관한 이해는(핵심 아이디어 3) 특정한 수치적 예에 국한되지 않고 일반적인 방식으로 이러한 아이디어를 표현할 수 있게 한다.

일반적으로, 등식을 사용하는 것이 산술 맥락에서 아이디어를 나타내기 위하여 중요하다고 생각했으나 이러한 표현은 양에 관한 추론에서도 중요하다(핵심 아이디어 4). 부피나 길이와 같은 연속량의 비교를 탐구하고 표현하는 것은 등호 기호에 관한 관계적 이해를 개발하는 데 도움이 될 수 있다.

예를 들어, 세거나 측정되지 않은 양을 비교하는 것은 등식의 대칭 성질과 같은 등식의 중요한 성질에 대한 이해를 도모할 수 있으며, 이러한 이해는 등호 기호의 관계적 이해를 강화할 수 있다. 두 개의 불특정한 부피 Y와 S를 비교하여, 부피가 같다는 것을 알게 되었다고 가정해보자. 양적 추론에 관한 핵심 아이디어 4와 연결 지어 논의하면, 이러한 관계는 $Y=S$로 표현할 수 있을 것이다. 또한 이러한 관계를 다른 방식으로 나타내면, $Y=S$가 $S=Y$와 동치라는 것을 이해할 수 있다. 반대로, $Y=S$이면 $S=Y$가 된다는 것을 이해했다면, $4\times5=20$과 같은 수식은 $20=4\times5$와 같다는 것도 알 수 있을 것이다.

또한 불특정한 양 사이의 관계를 표현할 수 있는 여러 가지 방법에 초점을 맞추는 것은 실세계 맥락을 가지지 않는 등식을 이해하고 해결하기 위한 기초를 개발하는 데 도움이 된다. 예를 들어, 두 개의 부피 Y와 S에서 부피 P만큼을 제거한다면, 그 결과를 $Y-P=S-P$로 나타낼 수 있다. 제거되는 부피 P를

Big idea

핵심 아이디어 2
두 양이 동치임을 보이기 위하여 등호를 사용하여 나타낸 수학적 진술을 등식이라고 한다.

Big idea

핵심 아이디어 3
변수는 간결한 방법으로 수학적 아이디어를 기술하기 위해 사용되는 다목적 도구이다.

Big idea

핵심 아이디어 4
양적 추론은 양 사이의 관계를 서술하고 일반화하기 위하여 양 사이의 관계를 확장한다.

수학적으로 어떻게 표현해야하는지 이해하는 것은 $27 = 14 + x$와 같은 등식을 어떻게 해결해야하는지 이해하는 것과 개념적으로 연결되는데, 이와 같은 등식을 해결할 때 가장 먼저 양변에서 14를 제거하기 때문이다. 이러한 의미에서, 양 사이의 관계를 추론하는 것은 등식을 해석하고 해결하는 방법에 관한 이해를 직접적으로 지지할 수 있다.

Big idea

핵심 아이디어 5
함수적 사고는 공변하는 양 사이의 관계를 일반화하기, 이러한 관계를 말, 기호, 표, 또는 그래프로 표현하기, 함수 행동을 분석하기 위해 이러한 다양한 표현을 가지고 추론하기를 포함한다.

함수(핵심 아이디어 5)는 종종 분리되어 연구되지만, 함수 또한 중요한 방식으로 등식과 연결될 수 있다. 특히, 등식의 해결 방법은 기하학적으로 두 개의 그래프가 교차하는 점, 또는 점들로 해석될 수 있다. 예를 들어 등식 $5(x+3) = 20$은 두 개의 함수 $y = 5(x+3)$과 $y = 20$의 함숫값이 같은 점, 또는 그래프가 교차하는 점으로 이해할 수 있다. 또한 함수 규칙은 두 식의 동치를 다룬다. 예를 들어 식 $y = 5(x+3)$은 y와 $5(x+3)$의 동치를 의미하므로, 동치는 함수 학습에 대한 기반이 되는 것이다. 이러한 의미에서 함수적 사고와 등식에 관한 추론은 깊게 연결된다.

연산에 대한 기본 성질은 양에 관한 연산을 지배하고, 등식과 함수를 다루는 방법의 기본을 형성한다. 특히 식이 등식이나 함수 어디에 사용되는지와 상관없이 식을 동치 형식으로 변형하기 위해서는 연산에 대한 기본 성질 및 양의 합성 및 분해 방법에 관하여 깊이 있게 이해하고 있어야 한다. 이러한 의미에서, 대수적 사고를 위한 맥락으로서 산술을 활용하는 것은 등식을 해결하고 함수를 해석하는 것과 관련하여, 좀 더 형식적인 대수적 기술을 발달시키는 기반이 된다고 하겠다.

대수가 발현되는 다양한 맥락을 통하여, 대수는 독립된 분야나 내용 영역이 아니라, 다양한 맥락에 내재될 수 있고 내재되어야 하는 사고방식으로 바라보아야 한다는 것을 알 수 있었다. 1장에서 논의한 핵심 아이디어와 이러한 아이디어 사이의 연결을 이해하는 것은 수학 전반에 걸친 대수를 인식하는 데 있어 필수적인 첫 번째 단계이다.

제2장

선수 학습과 후속 학습의 연계성

대수에 관한 장기적인 접근은 유아·유치원부터 12학년까지를 관통하는 핵심적인 대수 아이디어를 의도적으로 연결하여, 학생들이 이러한 아이디어를 깊이 있게 이해할 수 있는 시간과 경험을 제공한다. 비록 이 책은 3~5학년에 초점을 두지만, 초기 대수는 그 이전에 이루어질 수 없다면 적어도, 초등학교 수업을 시작할 때부터 이루어져야 한다. Kilpatrick, Swafford와 Findell(2001)은 “초등학교의 가장 이른 시기부터 학생들은 초기 대수의 기본, 특히 표현적 측면과 변수 및 함수 개념을 습득할 수 있다(p. 419)”고 하였다. 이 장에는 대수적 아이디어가 학년에 걸쳐서 어떻게 연결되는지 살펴보되, 특히 유아·유치원부터 2학년까지의 아이디어가 3~5학년의 아이디어로 어떻게 이어지고 지지되는지, 다음으로 이러한 아이디어가 6~8학년의 좀 더 정교한 개념을 어떻게 뒷받침하는지를 제시하는 데 초점을 둔다.

01 대수의 기호적 언어 개발하기

대수는 간결한 형식으로 수학적 구조와 관계를 표현하기 위하여 연산, 변수, 숫자를 결합한 수학적 언어에 기반을 둔다. 예를 들어 곱셈의 교환 법칙은 실수 a, b에 대하여 $a \times b = b \times a$로 표현되고, 음의 실수가 아닌 A와 r에 대하여 함수 $A = \pi r^2$은 반지름이 r인 원의 넓이 A를 나타내기 위해 사용된다. 또한 핵심 아이디어 1에서 논의하였듯이, 연산의 기본 성질은 수학적 추론을 지지하는 과정에서 기호적인 형식을 다룰

Big idea

핵심 아이디어 1
덧셈, 뺄셈, 곱셈, 나눗셈은 산술에서와 같이 대수에서도 같은 성질로 작용한다.

수 있게 한다. 예를 들어 정수 n에 대하여 임의의 홀수를 $2n+1$로 표현할 수 있을 뿐만 아니라, 수학식을 변형하는 과정에서 기본 성질을 사용하여 임의의 두 홀수를 더하면 어떻게 되는지 추론하는 것을 도울 수 있다. 구체적으로 정수 n, m에 대하여

$$\begin{aligned}(2n+1)+(2m+1) &= (2n+2m)+1+1\\ &= 2(n+m)+2 = 2(n+m+1)\end{aligned}$$

이기 때문에 임의의 두 홀수의 합은 짝수가 된다는 결론을 얻을 수 있다.

기호적인 대수 표기법, 특히 변수의 사용을 이해하는 것은 대수 학습의 핵심이다. 핵심 아이디어 3에 관한 논의에서는 변수의 여러 가지 역할을 밝힘으로써 이러한 대수의 심오한 언어적 측면을 강조하고 있다. 변수에 관한 이해는 학생들이 수와 연산을 다룰 때 풍부하고 다양한 경험을 통하여 동치에 대한 관계적 이해를 신장시키면서, 문제 상황을 나타내기 위하여 등식을 세우면서, 함수적 관계를 탐구하면서 1학년이나 유치원부터 일찍 개발할 수 있다. 변수를 정확하게 해석하고, 변수를 포함하는 정확한 식을 나타내는 것은 시간에 따라 발달되는 과정이다. 이러한 의미에서 어린 학생들은 대수 표기법에 관한 지속적인 상호작용을 더 일찍부터 시작하는 것이 도움이 된다. 이어서 이러한 연결의 일부에 대해 설명하고자 한다.

Big idea

핵심 아이디어 3
변수는 간결한 방법으로 수학적 아이디어를 기술하기 위해 사용되는 다목적 도구이다.

유아·유치원부터 2학년의 덧셈과 뺄셈 학습의 연장선에서, 기본 성질이나 그 밖의 산술적 일반화를 파악하고 일상 언어나 변수를 사용하여 표현할 수도 있다. 예를 들어, 어린 학생들은 "두 수를 어떤 순서로도 더할 수 있다."와 같은 문장으로 덧셈의 교환 법칙을 설명할 수 있으며, 이러한 문장은 3~5학년에서나 또는 더 일찍 일반화된 패턴 $a+b=b+a$를 표현하기 위하여 변수를 도입하는 발판이 될 수 있다.

저학년에서 덧셈의 교환성 및 유연한 계산에서의 그 역할에 대한 좀 더 자세한 논의는, 「덧셈과 뺄셈의 필수 이해 : 유아·유치원부터 2학년까지」(Caldwell 외, 2011)을 참고하시오.

산술 문장제는 종종 미지의 양을 포함하는데, 이것은 고정된 미지수로서의 변수를 이해하는 데 활용될 수 있다. 다음 문제

를 살펴보자.

> [사탕 문제]
> 존은 사탕 5개를 가지고 있다. 메리는 존보다 3개 더 많이 가지고 있다. 메리는 사탕을 몇 개 가지고 있는가?

학생들은 구체적 조작물, 그림, 심지어 손가락을 이용하여 5부터 8이 될 때까지 세어볼 것이다. 이 문제를 이해하고 해결할 수 있게 되면, 학생들로 하여금 $5+3=$ ___로 또는 a가 메리의 사탕 개수일 때 $5+3=a$로 문제에 내재된 수학을 나타내보도록 안내할 수 있다. 또한 변수를 포함하여 이와 같은 간단한 문제를 표현해보는 것은 학생들이 변수가 대상 자체가 아닌 측정값이나 양을 나타낸다(필수 이해 3b)는 것을 명확히 이해하기 위해 적절할 수 있다. 앞서 명시하였듯이, 여기서 a는 메리가 가진 사탕 자체가 아닌 **사탕의 개수**를 나타낸다.

> **필수 이해 3b**
> 변수는 대상 그 자체가 아니라 대상의 측정값이나 양을 나타낸다.

문제 상황을 표현하기 위하여 등식을 세울 때, 분수나 소수보다 범자연수를 사용한 문제와, 곱셈이나 나눗셈보다 덧셈과 뺄셈에 대하여 등식을 세우는 것이 학생들에게 더욱 용이하다. 이러한 의미에서 범자연수의 덧셈과 뺄셈에 초점을 두는 초등학교 저학년은 이와 같은 기술을 발달시키기에 자연스러운 출발점이 된다. 또한 문장제와 등식을 연결하는 것은 고정된 미지수로서의 변수에 대한 이해를 도울 수 있으며, 초등학교 이후의 대수에서 공통적으로 다루는 대상인 변수가 포함된 등식에 관한 초기 경험을 제공한다.

산술 과제에서 정보를 제거함으로써 어린 학생들의 변수에 관한 이해를 더욱 확장하여 개발시킬 수도 있다. 다음의 수정된 사탕 문제를 살펴보면, 존이 가진 사탕의 개수를 미지수로 제시하였다.

> 존은 사탕 몇 개를 가지고 있다. 메리는 존보다 3개 더 많이 가지고 있다. 메리가 가진 사탕의 개수를 어떻게 나타낼 수 있겠는가? (Carraher, Schliemann, & Schwartz

(2008, p. 238)에서 인용)

이와 같은 문제에서 학생들은 변수식을 세우려고 노력한다. 하지만 학생들은 존이 가진 사탕의 수를 모르기 때문에, 그것을 나타내는 데 어려움을 겪을 것이다. 대부분의 학생들은 구체적인 수를 사용하는 산술에 대한 경험을 가지고 있기 때문에, 처음에 존이 가진 사탕의 개수를 구체화하려고 한다. 때문에 교사는 학생들이 존이 가진 사탕의 개수가 미지수이고 미지수를 유지하게 해야 하며, 문제의 해답은 구체적인 수치가 아니라는 것을 이해할 수 있도록 사고를 안내하는 것이 중요하다.

존이 가진 사탕의 개수를 n으로 나타내면, 문제의 해답은 $n+3$이라 할 수 있다. 이와 같은 과제의 특징은 학생들에게 해결하거나 계산하게 하는 것이 아니라 단순히 표현하게 한다는 점이다. 이는 3학년 이전의 학생들이 산술 맥락을 통하여 개발하기 시작하는 대단히 중요한 이해이다. 또한 이러한 이해는 3~5학년, 중학교, 고등학교에 걸친 대수적 아이디어를 개발하도록 지지하는데, 이때는 변수식을 세우고, 다루며, 추론하는 것이 대수의 핵심적인 부분이다.

> 필수 이해 3a
> 변수의 의미는 다양한 방법으로 해석될 수 있다.

필수 이해 3a에서 언급하였듯이 변수를 해석하는 다양한 방법 중의 하나인 변하는 양으로서의 변수 개념도 3~5학년 이전에 함수를 탐구하면서 도입될 수 있다. 학생들은 예를 들어 교실의 학생 수와 학생 발의 수처럼 두 양이 동시에 변하는 간단한 상황을 살펴보면서 변하는 양을 나타내기 위해 변수를 사용하는 것을 배울 수 있으며, 변수의 값이 특정한 범위를 취할 수 있다는 것을 인식할 수 있다. 다음의 악수 문제와 1학년 학생이 그 문제의 자료를 정리하기 위해 만든 함수표를 살펴보자([그림 2.1]을 참고하시오).

[악수 문제]
모둠원이 한 번씩 서로 악수를 하기로 하였습니다. 모둠원이 2명일 때, 악수는 모두 몇 번을 하겠습니까? 3명이

라면? 4명이라면? 5명이라면? 6명이라면? 함수표에 이에 대한 정보를 정리해보시오. 어떤 패턴을 볼 수 있습니까?

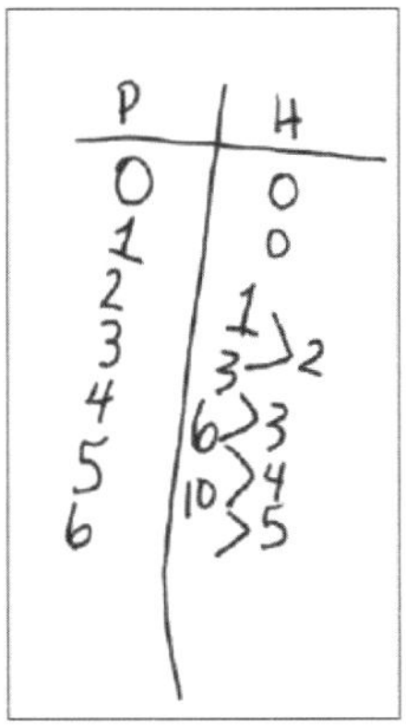

[그림 2.1] 악수 문제에 대한 1학년 학생이 만든 함수표
(Blanton(2008, p. 41)에서 재인쇄)

위의 그림을 살펴보면 사람의 수를 P, 악수의 횟수를 H로 나타냈다. 비록 위 학생은 변하는 양으로서의 변수를 이해하고 그러한 양을 표현하기 위해 변수를 사용하는 것에 서툴지만, 어린 학생들이 이와 같은 경험을 하는 것은 필수적이다. 예를 들어 학생들이 변화하는 자료 집합을 스스로 생성하여, 변수를 사용한 표기법으로 이러한 자료 집합의 특징을 표현해 보도록 하는 활동은 중요하다. 이것은 학생들이 변수를 변하는 양으로써 이해할 수 있는 과제를 지속적으로 다룸으로써 할 수 있다. 문자의 선택은 임의적일지라도, 교사는 학생들이 대상과 양을 혼동하지 않도록 주의를 기울여야 한다. 즉 위 경우에서는 학생들이 P가 사람 수가 아닌 사람을 나타내고, H가 악수 횟수가 아닌 악수를 나타내는 것이라고 생각하지 않도록 지도해야 한다(필수 이해 3b).

필수 이해 3b
변수는 대상 그 자체가 아니라 대상의 측정값이나 양을 나타낸다.

3~5학년 학생들의 이해와 변수 표기법의 사용은 변하는 양을 변수로 나타내고, 함수표와 같은 표현을 활용하여 체계적인 방식으로 이러한 아이디어를 표현하는 것에서, 기호 형식으로 함수적 관계를 나타내는 것으로 확장되어야 한다. 한 교사는 1

장에서 논의한 정사각형과 꼭짓점 문제([그림 1.11] 참고)에서 학생들이 관계를 발견하여 어떻게 표현하였는지에 대해 다음과 같이 설명하였다.

> 저는 학생들에게 발견한 함수 규칙을 자연스럽게 말로 설명해보도록 지시했어요. 브랜던은 손을 들어 "정사각형의 개수를 가져와서 거기에 3을 곱하고 1을 더해야 해요. 이렇게 하면 꼭짓점의 개수를 얻게 돼요."라고 말했습니다. 저는 "알았어.", "이 문장을 수정해서 좀 더 깔끔하게 다듬을 수 있는지 살펴보자."고 말했어요, 학생들은 모둠으로 활동하여 "정사각형의 개수에 3을 곱하고 1을 더해요." 라고 추측했어요. "이 추측으로 등식을 만들 수 있을 것 같니?"라고 물었고, 이에 대해 학생들은 활발하게 활동했어요. 학생들에게 몇 분을 준 다음, 칠판에 나와 발표할 사람이 있는지 물었어요. 시에나는 앞에 나와 S는 정사각형의 개수, V는 꼭짓점의 개수일 때, $S \times 3 + 1 = V$라고 적었어요.

변수의 서로 다른 역할과 수학적 아이디어를 간결하게 설명하기 위하여 변수를 어떻게 사용해야 하는지 이해하는 것은 초등학교 저학년부터 시작하여, 고학년에서 세련되게 할 수 있다. 중학생들은 변수에 대하여 더욱 풍부하게 이해할 수 있는데, 이러한 이해는 산술에 대한 일반화, 함수적 관계에 대한 추론이나 양적 추론에 대한 경험이 기반이 된다. 6~8학년 학생들은 수학적 일반화를 기호적으로 표현하고, 대수식을 동치 형식으로 변환하여 등식을 해결하며, 변수를 가지고 추론하고, 함수 관계를 기호 규칙으로 표현하고 해석하기 위하여 기호 언어 능력(symbolic language skills)이 필요하다.

초등학교에서 일반화된 패턴, 고정된 미지수, 변하는 양의 표현과 같은 변수의 여러 가지 역할에 대한 경험을 통하여, 학생들은 변수를 가지고 더욱 복잡한 수학적 상황을 탐구하기 위한 준비를 할 수 있다. 중학년과 그 이상에서 다루는 대수의 형식적인 학습에서는 변수의 여러 가지 역할 중 매개변수에 대한 경험도 포함된다.

중학년에서, 학생들은 $y-y_1=m(x-x_1)$으로 표현되는 직선의 기울기 공식과 같이 표준 형식으로 표현된 선형 등식에서 변수의 서로 다른 역할을 해석할 수 있어야 한다. 이 표현에서 변수 x와 y는 변하는 양을 나타내지만, y_1, x_1, m은 고정된 양을 나타낸다. 이와 같은 표준 형식은 하나의 문제 상황에서 변수의 서로 다른 역할을 해석하게 하는데, 이는 중학교의 대수 학습에서 핵심적이며, 고등학교 대수에서 다루는 더욱 복잡한 비선형 함수와, 비선형 함수의 일반화된 형식의 기반이 된다.

유아·유치원부터 2학년 학생들의 기본 성질에 대한 이해를 개발하도록 돕기 위해 교사가 블록 활동과 같은 맥락을 어떻게 활용할 수 있는지 알고 싶다면, 「수와 기수법의 필수 이해 : 유아·유치원부터 2학년까지」(Dougherty 외, 2010)를 참고하시오.

02 산술을 일반화하기

필수 이해 1a에 대한 논의에서는 연산의 기본 성질을 중심으로, 3~5학년 수학에서 대수적 사고를 위한 맥락으로서의 산술이 어떠한 역할을 하는지에 대하여 기술하였다. 특히 학생들은 계산 활동에서 이러한 성질들을 다루면서, 연산의 기본 성질에 주목하고, 일상 언어와 변수를 사용하여 이러한 성질을 기술할 수 있으며, 왜 이러한 성질이 자신들이 경험한 수의 영역에서 참인지에 대해 탐구할 수 있다.

덧셈의 성질과 자릿값은 범자연수의 덧셈과 뺄셈을 위한 계산 절차를 이해하는 데 수학적인 기본이다. 이는 「덧셈과 뺄셈의 필수 이해 : 유아·유치원부터 2학년까지」(Caldwell 외, 2011)의 핵심 아이디어이다.

그러나 학생들은 3학년 이전부터도 이러한 원리를 다룰 수 있다. 예를 들어, 블록 3개에 블록 4개를 더하는 것과 블록 4개에 블록 3개를 더하는 것처럼 단순한 행동이 하나의 맥락을 만든다. 이 맥락에서 교사는 학생들이 더하는 수의 순서에 상관없이 결과가 같다는 것에 주목하도록 안내할 수 있다. 또한 0의 독특한 특징, 즉 어떤 수에 0을 더하면 결과가 항상 그 수라는 것도 다룰 수 있다. 이는 덧셈에 관한 항등원 성질을 더욱 형식적으로 다루기 위한 장을 마련할 수 있다. 나아가 이러한 경험의 정도에 따라 3학년 이전의 학생들은 일상 언어를 사용하여 덧셈의 성질이나 그 밖의 다른 산술적 일반화와 변수까지도 기술하기 시작할 수 있다(Carpenter, Franke, & Levi, 2003).

3학년 이전에 덧셈과 뺄셈의 성질을 탐구하는 것은 초등학교 고학년에서 곱셈과 나눗셈의 성질을 탐구할 때에도 유사하게 적용될 수 있다. 3학년 이전에는 연산의 기본 성질을 다루는 활동이 범자연수의 연산에 초점이었던 반면, 고학년 학생들은 정수나 유리수와 같은 더욱 복잡한 수 영역에서 이러한 성질을 점검할 수 있다. 궁극적으로 초등학교에서 연산의 기본 성질을 일반화하는 것은 중학교 이상의 학년에서 대수를 형식적으로 공부하기 위한 토대를 다진다. 중학교 이상의 학년에서는 일반적으로 그러한 연산의 성질이 실수의 공리에서 일반화된 형식으로 명시된다. 의미 있는 연산의 맥락에서 기본 성질을 탐구하고 말이나 변수로 이를 기술해보는 대수적인 경험을 초등학교에서 하지 않는다면, 중학교와 고등학교에서 갑자기 도입되는 일반적인 형식에 어려움을 겪기 쉽다.

필수 이해 1e
산술에서의 일반화는 기본 성질로부터 유도될 수 있다.

또한 필수 이해 1e에 대한 논의를 통하여, 기본 성질 이외의 산술적 일반화가 대수로 가는 생산적인 시작점이 된다는 것을 보았다. 그것은 연산에 대한 일반화(예, $b+a-a=b$)나 짝수, 홀수와 같은 수의 분류에 대한 일반화(예, "짝수와 홀수의 곱은 짝수이다.")일 수 있을 것이다. 3학년 이전의 학생들은 수의 패턴을 확인하고 기술하는 것부터 시작할 수 있다. 이러한 수의 패턴은 3~5학년에서 산술의 일반화를 뒷받침한다. 예를 들어 학생들은 짝수 개의 물건이나 홀수 개의 물건을 더하는 경험을 통하여 짝수 개의 물건은 어떤 물건도 남기지 않고 서로 짝지을 수 있다거나 홀수 개의 물건은 하나의 물건이 남는다는 것을 관찰할 수 있을 것이다. 이러한 관찰은 임의의 짝수나 홀수를 표현하기 위한 중요한 시작점일 뿐만 아니라, 학생들이 3~5학년과 후속 학년에서 짝수와 홀수의 합이나 곱의 일반화를 뒷받침하기 위해 구성할 수 있는 주장의 근거가 될 수 있다.

대수 학습을 뒷받침하는 또 다른 수학적인 관행(practice)은 계산을 용이하게 하기 위해서 통찰력 있는 방법으로 양을 분해하는 것이다. 3학년 이전의 학생들은 수가 어떻게 구성되었는가에 대하여 유연하게 사고하기 시작해야 한다. 다양한 방법으로 수를 표현하는 경험은 유아·유치원~2학년의 학생들로 하여금 더욱 효율적인 계산 전략에 대해 생각하도록 돕는다. 뿐만 아니라, 대수적으로 말하는 것은 동치와 기본 성질에 대한 이해를 발달시키도록 돕는다.

예를 들어 어느 2학년 학생은 35+47을 더할 때 35를 30+5로 생각하고 47을 40+7로 생각하여 30+40을 하여 70을 구하고 5+7을 하여 12를 구한 다음 70+12를 하여 82를 구할 수 있을 것이다. 교사는 이러한 전략을 들으면서 "35+47=30+40+5+7"이라고 쓰고 "이것이 네가 이 문제를 어떻게 해결했는지를 보여주니?" 또는 "내가 쓴 이 등식이 맞니?"와 같은 질문을 할 수 있을 것이다. 이러한 발문은 계산 과정에서 학생들이 사용한 연산의 기본 성질에 대한 대화를 촉진하거나, 학생들이 등호에 대한 오개념을 극복할 수 있도록 돕는다.

3~5학년에서 학생들은 곱셈과 나눗셈의 더욱 복잡한 연산을 탐구하는 과정에서 분해하기의 관행을 강화할 수 있다. 종합하면 양을 분해하는 이러한 경험은 중학교와 고등학교에서 대수식을 간단히 만들기 위한 토대를 마련하도록 돕는다. 왜냐하면 이러한 경험은 양의 구조와 양이 어떻게 구성되고 분해되는지, 기본 성질이 어떻게 양을 구성하고 분해하는 데 사용될 수 있는지에 관심을 기울이도록 하기 때문이다.

03 관계적 사고와 양적 추론하기

관계적 사고와 양적 추론은 대수에서 매우 중요하다. 관계적 사고와 양적 추론은 식을 간략하게 만들거나 등식과 부등식을 해결하는 것과 같은 과정을 명시적으로 다루는 중학교와 고등학교 수학에서 특히 중요하다.

이러한 대수의 변형(transformational)과정은 학생들에게 식을 일련의 계산보다는 그 자체를 하나의 대상으로 바라볼 것을 요구한다. 핵심 아이디어 2에 대한 논의에서 제안한 바와 같이, 이러한 이해는 매우 중요하다. 이는 학생들이 등식이나 부등식에서 대상 사이의 관계를 표현할 때 단 하나의 식이나 또는 등식이나 부등식의 하나의 항에 차례로 집중하기 보다는 등식이나 부등식을 전체적으로 추론할 수 있게 한다. 식을 대상으로 보는 능력은 등식이나 부등식을 하나의 답을 구할 수 있는 더 간단한 동치식으로 변환하기 위하여 어떠한 대수적 과정을 사용할 수 있는지에 대해 추론할 수 있게 한다.

Big idea

핵심 아이디어 2
두 양이 동치임을 보이기 위하여 등호를 사용하여 나타낸 수학적 진술을 등식 이라고 한다.

등식을 대상으로 생각하고 더 광범위하게 등호를 관계적으로 이해하기 위한 토대는 초등학교의 저학년부터 기를 수 있다. 3학년 이전에 17+8=_____+9와 같은 등식에 관한 경험은 학생들로 하여금 등호에 대해 관계적으로 사고하도록 하고, "="를 "기호의 좌변에 있는 계산을 수행하라" 또는 "그 다음에 답을 쓴다."로 여기는 오개념이 생기는 것을 방지하도록 도울 수 있다. 특히 학생들은 9가 8보다 1만큼 더 크기 때문에 미지의 양은 17보다 1만큼 작아야 하므로 16이라고 말하면서 등호에 대해 전체적으로 추론하는 것을 배울 수 있다. 이러한 종류의 보상전략은 학생들에게 특정한 식에 제시된 구체적인 수치적 계산을 수행하게 하기보다는 두 개의 식의 구조적인 관계에 동시적으로 집중할 수 있도록 한다. 등호에 대한 관계적 사고를 할 수 없다면, 학생들은 ___안에 들어갈 수를 구하기 위하여 17+8을 계산하여 25라고 생각하거나 17+8+9를 계산하여 34라고 생각할 가능성이 높다. 3~5학년의 학생들은 곱셈과 나눗셈을 사용하는 더욱 복잡한 과제에 이러한 추론을 적용함으로써 자신의 관계적 사고를 심화시킬 수 있다. 예를 들어, 590×45=59×___와 같은 등식에서 학생들은 590을 10으로 나누면 59이므로 미지수를 구하기 위해서는 45에 10배를 해야 한다고 생각해야 할 것이다.

필수 이해 2b에 대한 논의에서 설명한 바와 같이, 등호에 대한 관계적 사고는 대수 방정식을 해결하는 데 필수적이다. 등호를 "다음에 답이 오는 것"으로 해석하는 학생들은 $3x+5=2x+15$와 같은 방정식을 해결하기 매우 어려울 것이다. 기껏해야 그러한 등식을 해결하기 위한 절차를 암기하는 것에 의존할 것이다. 특히 만약에 학생들이 $2x$가 $3x$와 5의 합을 나타낸다고 생각한다면 이러한 방정식으로 표현된 관계를 이해하거나 어떻게 방정식을 간단히 만들 수 있는지를 이해하기에 어려울 수 있다. 등호를 관계적으로 이해하고 있는 3~5학년의 학생들은 등식의 뺄셈에 관한 성질을 사용하여 999+58=958+b와 같은 등식을 해결할 수 있다. 이 학생들은 "등호의 양변에서 900을 빼는 것으로 시작할 것이다. 이제 99+58=58+b이므로 b는 99이다."와 같이 말할 수 있다. 이러한 학생들은 왜 방정식 $3x+5=2x+15$의 양변에서 $2x$를 빼는 것이 더 간단한 동치 방정식을 만드는지를 이해할 준비가 되어 있는 것이다.

필수 이해 2b
등식은 실행해야 하는 일련의 계산이 아니라 등식 자체로 추론될 수 있다.

초등학교에서 등호에 대한 관계적 이해를 발달시키는 것은 중학교 이상에서 학생들이 식과 등식의 더욱 형식적인 연산을 이해할 수 있도록 돕는다. 이러한 이해가 없다면, 학생들은 대수식을 동치식으로 변형하기보다 대수식을 "해결"하려 한다. 예를 들어, $3x+18$의 인수를 구할 때, 등호를 관계적으로 이해하지 못한 학생들은 다음과 같이 대답할 것이다.

$$3x+18=3(x+6)=0,$$
$$\text{그러므로 } x+6=0, \text{ 또는 } x=-6$$

대신에 관계적 사고를 이해하는 학생들은 식을 계산하기 수월한 동치 식으로 변형하고, 그것을 방정식의 형식으로 나타낼 수 있다. 위의 예에서, 학생들은 $3x+18$은 $3(x+6)$과 동치이고 이는 $3x+18=3(x+6)$을 의미한다는 것을 이해할 것이다. 그리고 x의 값을 구하기 위하여 더 이상의 조작은 필요 없다는 것을 이해할 것이다. 이는 방정식을 해결하기 위한 중요한 전제

동치식, 등식, 그리고 등식을 해결하는 것에 대한 논의는 「식, 방정식과 함수의 필수 이해 : 6~8학년까지」(Lloyd 외, 2011)을 참고하시오.

조건이기도 하다. 왜냐하면 방정식을 해결하는 것은 필수로 일련의 대수식을 변형하는 것이기 때문이다. 이는 방정식을 전체적으로 추론함으로써 가능하다. 예를 들어, 중학교에서 학생들은 $3(x+6)=5x-3x$와 같은 등식을 해결해야 한다. 이러한 방정식을 기호적으로 해결하는 하나의 방법은 $3(x+6)$을 동치인 $3x+18$로 다시 나타내고 $5x-3x$를 $2x$로 다시 나타내는 것을 포함한다. 그리고 이러한 식이 동치라는 것을 이해하는 과정도 포함한다. 그러므로 $3(x+6)=5x-3x$는 $3x+18=2x$ 등과 같다.

3~5학년의 학생들은 변수를 사용하여 간단한 수학식을 대수적으로 기술하는 것을 배울 수 있다. 그리고 그들은 수학적 상황을 대수 방정식을 이용하여 모델링할 수 있다. 학생들은 이러한 과정에서 식은 답을 구하는 것이 목적이 아니라는 것과 등식은 두 개의 식이 동치라는 것을 나타내는 수학적 진술이라는 것을 인식하면서 수식과 등식 사이의 구별을 시작할 수 있다. 이러한 이해를 통해, 학생들은 대수적인 절차를 암기하는 것에 의존하지 않고, 중학교에서 더욱 복잡한 식을 만들고 기본 성질을 사용하여 이러한 식을 동치형태로 변형하는 것에 집중할 수 있다. 무엇보다 더욱 중요한 것은 학생들이 나중에 이러한 변환기술을 사용하여 대수 방정식을 해결할 수 있다는 것이다.

Big idea

핵심 아이디어 4
양적 추론은 양 사이의 관계를 설명하고 일반화하기 위하여 주어진 양 사이의 관계를 확장한다.

핵심 아이디어 4에서 논의한 바와 같이, 어린 학생들은 이후에 등식과 부등식을 이용하여 더욱 형식적으로 활동하기 위한 토대로서 양적 추론을 배울 수 있다. 유아·유치원~2학년에서 양적 추론은 수를 유연하게 세고 얻는 것을 이해하는 데 초점을 둔다. 이 시기에는 구체적인 양을 가지고 두 양이 같거나 같지 않을 때 두 양 모두에 특정한 양을 더하거나 두 양 모두에서 특정한 양을 빼는 것이 그 관계를 유지한다는 아이디어를 탐구할 수 있다. 게다가 **더하는 것**을 양을 서로 결합하는 것으로 보고 **빼는 것**을 양을 제거하거나 "얼마나 더 많은지"를 구하는 것으로 볼 때, 이러한 개념을 탐구할 때에는 계산이 필요한 것이 아니라, 구체적으로 정해지지 않은 양을 세거나 측정하여 질적으로 비교해 보아야 한다. 예를 들어, 어린 학생들은 부등식의 관계를 탐구하기 위하여 지역의 넓이나 세어지지 않은 이산적인 물체의 개수와 같은 불특정한 양을 비교할 것이다. 전자의 경우에 학생들은 서로 다른 크기의 직사각형 넓이를 비교하기 위하여 하나의 직사각형을 또 다른 직사각형 위에 겹쳐놓음으로써 비교할 것이다. 그리고 "주황색 직사각형의 넓이는 회색 직사각형의 넓이보다 더 크다."([그림 2.2] 참고)와 같은 결론을 내릴 것이다. 후자의 경우에, 학생들은 스쿨버스에 빈 좌석이 있다는 것을 알고 있을 때, 스쿨버스에 타고 있는 학생들의 수와 버스 좌석의 수를 질적으로 비교할 수 있다.

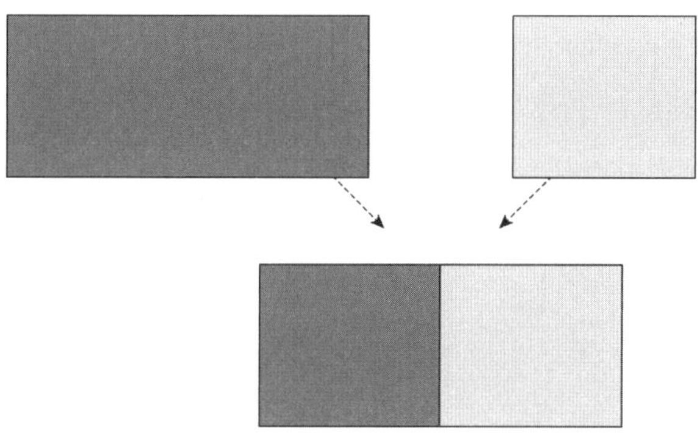

[그림 2.2] 하나의 직사각형 위에 다른 직사각형을 겹쳐놓음으로써 넓이 비교하기

불특정한 양에 대해 추론하는 것은 어린 학생들이 동치의 양에 대한 연산이나 동치가 아닌 양에 대한 연산이 양 사이의 관계에 어떠한 영향을 미치는지, 이러한 관계를 일상 언어로 어떻게 표현하는지, 또는 변수를 사용하는 대수적인 표기를 어떻게 나타낼 수 있는지를 이해할 수 있도록 돕는다. 스쿨버스에 탄 학생들의 수와 버스 좌석의 수를 비교함으로써, 학생들은 먼저 "좌석의 수가 학생의 수보다 더 많다."와 같은 진술로 관계를 표현할 것이다. 그러나 학생들은 3학년보다 훨씬 이전

에 대수적 표기를 사용하여 같은 양과 같지 않은 양을 표현하고 비교할 수 있다(Dougherty, 2008). 예를 들어 어린 학생들은 이러한 관계를 A > B로 기호화할 수 있다. 여기서 A는 버스 좌석의 수를 나타내고 B는 학생의 수를 나타낸다. 유사하게 학생들은 직사각형 넓이 사이의 관계를 O > G로 나타낼 수 있을 것이다. 여기서 O는 주황색 직사각형의 넓이를 나타내고 G는 회색 직사각형의 넓이를 나타낸다.

게다가 이러한 유형의 활동은 학생들이 3~5학년으로 나아감에 따라 반사적 성질, 대칭적 성질, 추이적 성질과 같은 동치의 중요한 성질에 대해 탐구하게 하고, 이러한 성질이 부등식에서도 적용되는지를 탐구하게 한다. 예를 들어, 반사적 성질에 대한 연구는 A=A와 같은 진술에 대해 기술하고 추론하는 것을 배우도록 돕는다. 이는 중학교와 고등학교에서 형식적인 대수적 항등원에 대해 공부하는 것에 대한 시작이다. 이러한 점에서 초등학교에서 등식과 부등식에 대한 더 깊은 이해를 개발하기 위해 양적 추론을 사용하는 것은 중학교 이상의 변형대수(transformational algebra)에서 등식과 부등식을 더욱 형식적으로 공부하는 데 중요한 기초를 제공한다.

04 함수에 대한 아이디어 개발하기

함수에 대한 아이디어는 모든 수학에 걸쳐 깊게 연결되어 있다. 여기에서는 함수에 관심을 갖는다. 왜냐하면 함수는 초등학교에서 대수로 들어가는 진입점으로서의 역할을 하기 때문이다. 이 장에서는 앞서 논의한 것과 핵심 아이디어 5에 반영된 것과 같이, 함수적 사고 과제는 초등학교 3학년 이전부터 변수는 변하는 양이라는 개념을 탐구할 수 있는 기회를 제공한다. 그러나 학생들은 대수에서 중요한 개념이면서 저학년에서 개발될 수 있는 다른 개념 또한 구체화한다.

Big idea

핵심 아이디어 5
함수적 사고는 공변하는 양 사이의 관계를 일반화하기, 이러한 관계를 말, 기호, 표, 또는 그래프로 표현하기, 함수 행동을 분석하기 위해서 이러한 다양한 표현을 가지고 추론하는 것을 포함한다.

예를 들어 저학년 학생들은 하나의 문제 상황에서 자료를 만들어내는 방법을 배울 수 있고 함수표와 같은 표현을 사용하여 이러한 자료를 조직하는 방법을 배울 수 있다. 자료를 만들어내는 경험은 양을 표현하고 양의 변화를 표현하기 위한 추상적인 방법을 점진적으로 발달시킨다. 그리고 학생들의 표현은 그림과 같은 영상적인 것에서 변수와 같은 기호적인 것으로 변화할 수 있다. 뿐만 아니라 학생들은 함수표에서 자료가 어디에 놓여지는 가에 주목함에 따라 두 양의 공변을 추적하는 것을 포함하여 양 사이의 관계를 탐색하는 중요한 활동에 참여한다.

또한, 어린 학생들은 공변하는 자료에서 관계를 탐구할 수 있다. 그리고 처음에는 산술에 대한 경험을 토대로 자료의 패턴과 규칙을 이해할 수 있을지도 모른다. 예를 들어 학생들은 함수표에 기록된 각각의 값을 뛰어 세면서(skip counting) 재귀적 패턴을 설명할 수 있고, 공변하는 두 변수의 값을 같이 세면서(doubling) 대응 관계를 설명할 수도 있다. 또한 "어떤 그룹에 한 사람이 더 추가되면 다리의 수는 2만큼 증가한다."와 같이 공변 관계를 기술하는 것은 하나의 양만의 변화를 설명하는 재귀적 패턴과 두 양 사이의 공변을 설명하는 공변 관계나 대응 관계를 연결하는 중요한 개념적인 다리가 된다.

3~5학년으로 나아감에 따라, 학생들은 대응 관계를 일반화하고 이러한 관계를 말이나 변수로 나타내는 것에 초점을 둠으로써 이러한 기초를 확립할 수 있다. Kilpatrick, Swafford, 그리고 Findell(2001)이 설명한 바와 같이, 초등학생들은 "시간에 따라, 다양한 환경에 걸쳐 수치적 양이 일정한 원칙에 입각한 방법으로 다양할 수 있다는 것을 관찰할 수 있다…. 그들은 하나의 변수에서 나타난 변화가 또 다른 행동에 어떻게 반영되는지를 탐구하면서 함수를 학습할 수 있다(p. 280)". 더욱이 함수는 저학년에서 고학년으로 갈수록 단순한 선형함수에서 2차함수와 지수함수로 점차 복잡해진다. 또한 3~5학년의 학생들은 함수를 좌표평면 상에 그래프로 나타내기 시작할 수 있으며, 최고의 거래([그림 1.17] 참고)와 같은 과제를 통하여,

함수의 자료값에 대한 일반화를 바탕으로 추론하고 문제 상황을 이해하기 위해 그래프의 해석을 배울 수 있다.

마지막으로 3~5학년의 학생들은 재귀적 패턴과 공변에 대한 이해를 기반으로 다양한 유형의 함수가 어떻게 변하는지에 대하여 비형식적으로 사고할 수 있다. 예를 들어 3~5학년의 학생들은 어떤 함수가 일정한 비율로 증가하거나 감소하는지, 어떤 함수가 그렇지 않은지를 알아보기 위하여 표와 같은 표현을 사용할 수 있다.

이러한 모든 이해는 선형 함수를 더욱 형식적으로 다루는 중학교에서 대수를 공부하는 데 중요한 선행지식이다. 예를 들어 초등학교에서 그래프, 표, 변수와 같은 다양한 표현 도구에 대한 이해를 신장하는 것은 중학교에서 이러한 표현들 사이의 연결성에 대하여 더욱 심도 있게 분석할 수 있도록 돕는 필수적인 기술을 발달시킨다. 이는 또한 중학교에서 선형 함수의 특별한 경우로서 비례 관계를 다루는 것과 같은 더 형식적인 학습을 돕는다.

또한 초등학교에서 함수의 공변을 이해하는 것과, 다른 관계는 다른 변화 패턴을 갖는다는 것에 대해 비형식으로 이해하는 것은 이후에 다루게 될 중요한 개념인 기울기를 이해하는 데 도움이 된다. 중학교에서 기울기의 개념은 선형 함수에 대한 공부의 핵심이다. 이는 다양한 수식의 사용을 통하여 기호적으로 발달하고, 좌표평면 상의 선형 함수를 공부하면서 그래프적으로 발달하며, 선형적인 관계를 표현하는 함수표를 통하여 수치적으로 발달한다. 중학교 학생들은 초등학교에서 함수가 어떻게 증가하거나 감소하는지의 차이에 관하여 비형식적으로 탐색했던 것에서 기울기에 대한 기호적 표현, 표로 정리한 표현, 그래프로 나타낸 표현에 기반하여 선형 함수가 어떻게 증가하거나 감소하는지에 더욱 초점을 둔 공부로 확장할 수 있다. 이후에 기울기에 대한 공부는 미적분학의 기본 개념 중에 하나인 변화율에 대한 공부로 형식화된다.

비례 추론에 대한 확장된 논의와 기울기, 일차함수, 등식과 관련된 내용에 비례 추론이 어떻게 연결되어 있는지에 대해서는 「비, 비례, 비례 추론의 필수 이해 : 6학년~8학년까지」(Lobato & Ellis, 2010)을 참고하시오.

05 결론

대수적 사고는 학생들의 초기 수학적인 활동에서부터 시작할 수 있다. 대수적 사고는 기본 성질과 그 밖의 다른 산술적인 관계를 탐색하고, 양이 서로 어떻게 연결되는지에 대한 이해를 발달시키며, 미지수, 등식, 부등식을 가지고 활동하는 것을 배우고, 함수에 대한 공변적인 이해를 발달시키는 것을 통하여 개발할 수 있다. 핵심 아이디어와 1장에 제시된 필수 이해를 포함하는 수학적인 개념과 관행에 대한 지식을 지니고 있는 초등학교 교사들은 수학 교육과정에 걸쳐 대수적인 기회를 활용할 수 있다. 이러한 핵심 아이디어와 필수 이해는 우리가 2장에서 설명한 연결을 뒷받침하고 그와 더불어 대수적 사고를 돕기 위한 교수 관행, 과제의 선택 및 사용, 평가에 대한 3장의 논의를 뒷받침한다.

제3장

도전: 학습, 교수, 평가

1장에서 요약한 핵심 아이디어와 필수 이해는 교사가 3~5학년의 학생들을 대수적 사고에 참여하게끔 하는 수학적 개념들이다. 수학적 개념에 대한 지식이 중요할지라도, 교사들은 학생들이 학습하는 방법, 가르치는 방법, 학생들의 이해를 가장 효율적으로 평가하는 방법도 이해할 필요가 있다. 이 장에서는 3~5학년의 학생들의 대수적 사고를 학습, 교수, 평가하는 것에 대한 간략한 개관을 제시한다.

01 대수적 사고를 지원하는 관행

초기 대수 연구는 다양한 사회경제적, 교육적인 배경을 지닌 학생들이 대수적으로 사고**할 수 있다**는 것을 드러낸다. 학생들은 등식에 대한 관계적인 사고를 발달시킬 수 있고, 패턴과 관계를 탐구하기 위해서 적절한 표현 도구를 사용할 수 있다. 함수적 관계와 수·연산에 대한 성질을 확인하고, 기호화하며, 추론할 수 있고, 사례에 기반한 추론을 통하여 정교한 표현을 사용하는 더욱 일반적인 형식으로 발전하는 수학적인 주장을 구성할 수도 있다. 또한 대수적인 관계를 기술하고 추론하기 위해서 길이나 부피와 같은 불특정한 양을 사용할 수 있다.

학생들이 보여준, 인상적인 대수적 사고는 "교사들이 이를 돕기 위하여 어떤 교실 관행을 사용할 수 있는가?"라는 중요한 질문을 제기한다. 이에 대하여 먼저 「학교수학을 위한 원리와 규준」에 기술된 과정 규준 측면(문제 해결, 추론과 증명, 의사소통, 연결성, 표현)에서 이 질문에 대한 대답을 제시한다.

그런 다음 교사가 학생들이 대수의 핵심적인 아이디어에 대한 이해를 개발하도록 도울 때 사용할 수 있는 특정한 유형의 과제와 평가에 대하여 논의한다.

1) 수학적 과정에 초점 맞추기

NCTM이 학교수학을 위해 강조한 5가지의 과정 규준은 모두 초기 대수적 사고의 발달에 필수불가결한 역할을 하고 상호 연결된 역할을 한다. 각각의 과정 규준을 검토하는 것은 학생들의 기본적인 대수적 아이디어의 이해에 특별한 공헌을 할 수 있다.

❶ 문제 해결

일반적으로 초기 대수는 수학적인 상황에서 구조와 관계에 관하여 모델링과 추론이 요구되는 풍부한 문제 기반 시나리오로서의 과제를 다룬다. Carraher와 Schliemann(2007)이 설명한 바와 같이, "문제 맥락은 수학 학습 및 양과 수에 대한 일반화를 고려하고 심화시키기 위한 필수적인 방법이다."(p. 690). 초기 대수를 구현하기 위해서는 문제 해결을 격려하는 교실 환경이 바탕이 되어야 한다. 즉 수학적인 추측을 개발하고, 이러한 추측을 확고히 하거나 반박하기 위한 주장을 만들고, 확립된 추측 또는 일반화를 공유된 교실 지식의 중요한 부분이자 추론의 목적으로 다룸으로써 학생들의 문제 해결을 격려하는 교실 환경이 필요하다.

이러한 문제 해결 과정의 핵심은 일반화하기로, 이는 수학적 관계에 내재하는 구조를 발견하고 기술하는 것이다. 1장에서는 수와 연산에 대한 성질이나 관계를 일반화하는 것(필수 이해 1e), 양에 대한 일반화된 관계를 가지고 기술하고 추론하는 것(핵심 아이디어 4), 함수를 기술하기 위해 일반화된 규칙을 찾는 것(핵심 아이디어 5)을 포함하여 다양한 종류의 일반화하기를 장려하는 많은 수학적인 관계를 기술했다.

예를 들어 교사들은 짝수와 홀수의 합이나 곱에 대하여 추

필수 이해 1e
산술에서의 일반화는 기본 성질로부터 유도될 수 있다.

Big idea

핵심 아이디어 4
양적 추론은 양 사이의 관계를 서술하고 일반화하기 위해 양 사이의 관계를 확장한다.

Big idea

핵심 아이디어 5
함수적 사고는 공변하는 양 사이의 관계를 일반화하기, 이러한 관계를 말, 기호, 표, 또는 그래프로 표현하기, 함수 행동을 분석하기 위해서 이러한 다양한 표현을 가지고 추론하는 것을 포함한다.

측하도록 학생들을 안내할 수 있다. 또한 교사들은 어떤 수에 0을 더했을 때에 무슨 일이 일어나는지에 대해 생각하도록 하여, "어떤 수에 0을 더하면 어떤 수와 같다."(또는 모든 실수 a에 대하여 $a+0=a$)라는 일반화를 개발하도록 도울 수도 있다. 같은 양이나 다른 양에 대한 추론을 촉진하기 위하여 알려지지 않은 두 영역의 넓이와 같이, 두 개의 불특정한 양 사이의 수학적인 관계를 기술하도록 도울 수 있다. 이러한 맥락에서 학생들이 일반화에 관심을 가질 수 있도록 하고, 더욱 중요하게는 학생들을 **일반화를 확립할 수 있는 사람**으로 여기는 교실 관행은 대수적으로 사고하는 데 필수적인 형태의 문제 해결 환경을 만든다.

궁극적으로 학생이 문제 해결에 확실하게 참여하게 하기 위해서는 문제 상황을 통하여 자신이 고안한 전략을 통합할 수 있도록 허용해주는 것이 중요하다. 문제 해결을 촉진하는 교실에서 학생들은 **예상하는 사고(anticipatory thinking)**에 참여한다(Empson, Levi, & Carpenter, 2011). 즉 학생들은 어떤 관계가 그것에 대한 추론을 도울 수 있는지 알기 위하여 먼저 과제를 분석하면서 접근한다. 예상하는 사고는 알고리즘적인 사고와 매우 다르다. 알고리즘적인 사고를 사용하는 학생들은 "이와 같은 문제를 해결하기 위한 첫 번째 단계는 무엇인가?"를 전형적으로 숙고한다. 반대로 예상하는 사고를 사용하는 학생은 일반적으로 "이 문제는 무엇에 대한 것이고, 이 문제를 해결하기 위해 내가 이미 이해하고 있는 관계는 무엇인가?"에 대하여 숙고한다.

범자연수의 덧셈과 뺄셈을 소수에서의 연산과 연결하는 방법에 대한 추가적인 논의는 「덧셈과 뺄셈의 필수 이해 : 유아·유치원부터 2학년까지」(Caldwell 외, 2011)에서 찾을 수 있다.

예상하는 사고는 문제 해결을 위한 특징이고 대수적 사고에 특히 결정적이다. 학생들이 하나의 과제를 해결하기 위하여 자신이 이미 알고 있는 관계를 필요로 할 때, 학생들은 많은 다양한 대수적 아이디어를 가지고 확실하게 참여할 수 있다. $81-1.3=b$와 같은 간단한 과제를 생각해 보자. 많은 학생들은 알고리즘적인 접근방법으로 이 과제를 해결하기 위해 소수점에 맞춰 정렬하고 받아내림과 같은 일련의 단계를 수행할 것이다. 그러나 문제 해결을 촉진하는 교실에서 학생들은 먼저 어떤 관계가 그것에 대해 추론하도록 도울 수 있는지를 이해하기 위해 과제를 검토할 것이다. 어떤 학생은 81−1=80을 하면 0.3만 남으므로 80에서 이를 빼면 답이 79.7이 된다는 것을 인지할 것이다.

이러한 해결 전략은 뺄셈에 대한 이해에 의존하기 때문에 이를 사용하는 학생은 소수적인 표현과 함께 뺄셈에 대한 자신의 이해를 증가시킨다. 이와 반대로, 이 문제를 해결하기 위해서 표준 알고리즘의 단계를 수행하는 학생들은 일반적으로 뺄셈에 대한 이해를 발달시키지 못한다. 학생들이 수학 문제를 해결하기 위해 수와 연산에서의 관계를 포함하는 여러 관계에 대한 그들의 수학적인 이해를 사용할 때, 학생들은 이러한 관계에 대한 일반적인 이해를 증가시킬 수 있다.

❷ 추론과 증명

초기 대수의 기저를 이루는 활동, 즉 일반화하기와 일반화 표현하기는 그 자체가 추론의 과정이다(Carraher & Schliemann, 2007). 일반화는 관계에 대한 추측에서 시작한다. 추측은 누군가 참일지도 모른다고 **생각한** 것만 나타내기 때문에, 하나의 추측이 일반화로 받아들여지기 전에 어떠한 활동이 수학적으로 실행되어야만 한다. 결과적으로 학생들의 추론과 증명을 촉진하는 교실 관행은 초기 대수에서 필수적이다. 왜냐하면 학생들이 자신의 추측을 정당화하기 위해서 수학적인 주장을 만들어야 하기 때문이다. 이러한 과정을 통해 추측은 일반화가 되는데, 일반화는 구조와 관계에 대한 추론의 목적이기도 하다.

여기서 **증명(proof)**이라는 용어보다는 **정당화(justification)** 및 **주장(argument)**이라는 용어를 사용하는 것에 주목할 필요가 있다. 증명이라는 용어는 다양한 함축을 가지고 있고 초등학교 맥락에서 애매할 수 있다. 정당화와 주장이라는 더욱 포괄적인 개념이 초등학교 학생들에게 더욱 적합하다. 왜냐하면 정당화와 주장에 학생들이 무엇에 대하여 사고할 필요가 있는지, 그리고 설명하기 위해 어떻게 추론할 수 있는지가 더 많이 포함되어 있기 때문이다. 예를 들어, 필수 이해 1b에 대한 논의에서 지적한 바와 같이, 연산의 기본 성질은 증명을 요구하는 진술이 아니다. 공리로서, 기본 성질은 참이라고 간주된다. 그러나 학생들이 이에 대한 이해를 입증하기 위해 이러한 성질을 탐구하고 설득력 있는 주장을 발달시키는 것은 중요하다.

> **필수 이해 1b**
> 기본 성질은 계산에 필수적이다.

학생들이 관계를 일반화하는 추측을 할 때, 추측이 **왜** 참이고 **언제** 참인지에 대해 매우 자연적으로 사고하도록 격려하는 교실 관행은 초기 대수적 추론을 돕는다. 예를 들어 학생들이 제기하는 질문을 통하여, 산술의 일반적인 절차를 넘어서게 하는 교실 관행은 학생들이 산술 연산에 내재된 더 깊은 **대수적** 구조를 탐구할 수 있도록 이끈다. 다음과 같은 질문의 효과에 대하여 생각해보자. "두 개의 범자연수는 어떤 순서로든 곱할 수 있고 그 값은 여전히 같지만, 두 개의 분수도 어떤 순서로든 곱할 수 있는지는 어떠한 이유로 알 수 있는가? 왜 그것이 참일 수 있는가? 다른 종류의 수도 순서에 상관없이 곱하는 것에 대한 이러한 추측이 참인가? 음수에서도 적용되는가? 수의 순서를 바꾸는 아이디어가 덧셈, 뺄셈, 나눗셈과 같은 다양한 연산에서 적용되는가?"

연구에 따르면, 교실 관행이 추론과 증명을 지지할 때 학생들이 점차적으로 정교해진 수학적 주장을 구성할 수 있다고 하였으며, 이는 학생들이 특정한 수의 사례를 점검하는 것에서 더욱 일반화된 주장을 세우는 과정을 통하여 학습된다고 하였다(Carpenter, Franke, & Levi, 2003). 예를 들어 Schifter(2008)는 145－100과 145－98과 같은 단순한 뺄셈 문제에 제시된 표현을 가지고 4학년 학생들의 추론을 설명하였다. 학생들은 두 계산 사이의 연결성에 주목하면서 두 번째 문제에 대한 해결방법이 첫 번째 해결방법보다 2만큼 더 많을 것인지 아니면 2만큼 더 적을 것인지, 그리고 왜 그럴지에 대해 궁금해 했다. 교사는 학생들의 추론에 대하여 다음과 같이 기록하였다.

브라이언은 그의 사고에 대해 계속 설명하면서 허공에서 손을 흔들고 있었다. 그는 단어를 찾는데 고군분투했다. 그는 "이전의 문제와 어울린다(goes with)"고 말했다. "이렇게 크게 덜어내고, 그런 다음 더 작게 덜어냈으니까 더 많이 가지고 있어요. 그림으로 그려도 되나요?" 나는 고개를 끄덕였다. 그리고 그는 칠판 앞으로 나와 잠시 생각하더니 이와 같은 큰 덩어리를 그렸다([그림 3.1] 참고). "보세요. 이게 처음에 있던 사과예요." 그가 설명했다. "그리고 얼마만큼을 빼고 얼마만큼을 남겨놨어요. 그런 다음 대신에 98g을 빼요. 그러면 여기 있어요." 그것은 브라이언이 문제를 통해 그의 방법을 사고하도록 돕고 있는 매우 분명한 정신적인 이미지를 가지고 있지만 우리와 의사소통하는 데 어려워한다는 것을 드러낸다. 그러나 그의 친구들은 꽤 집중하여 보고 듣고 있었다. 갑자기 그의 발표에 영감을 받은 레베카는 흥분하며 말했다. "예, 빵의 큰 덩어리를 가지고 있고 작게 한 입을 먹거나 크게 한 입을 베어 먹을 수 있어요. 만약 더 작게 가져가면 더 크게 남아있어요." "항상 참이라고 생각하니?"라고 내가 묻자 "그런 것 같아요"라고 답했다. 이 시점에서 논의가 진행되는 동안 맥스는 조용히 있었다. 이제 레베카의 설명과 브라이언의 그림에서 영감을 받은 그는 닫혀있던 사고를 가지고 더 확장하였다. 그는 자신의 손을 들고 말했다. "예, 덜 빼면 뺄수록 더 많이 남는다. 그리고..." 그는 매우 강조하면서 계속했다. "사실 결국 남는 것은 정확하게 덜 뺀 만큼 더 많다."

(Schifter, 2008, pp. 77-78; 허락을 받고 재인쇄)

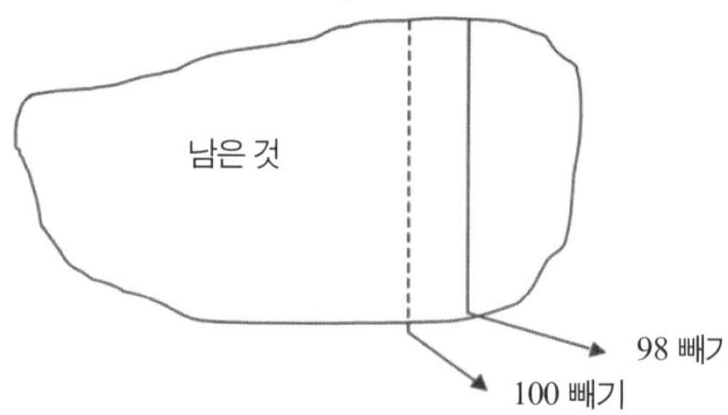

[그림 3.1] 브라이언의 뺄셈에 대한 생각

여기서 두 번째 계산이 첫 번째 계산보다 2만큼 더 많은지 2만큼 더 적은지 그리고 그 이유는 무엇인지에 대한 질문과 학생들이 구성한 주장은 필수로 대수적이다. 즉 학생들은 계산에 초점을 두기보다, 두 문제 사이의 구조적인 관계에 대하여 생각하였고, **특정한 수나 그러한 수의 연산에 의존하지 않고** 일반적인 용어로 그 관계에 대해 추론하였다. 게다가 이러한 추론과 대수적 사고의 중요한 양상은 두 양 사이의 관계에 대해 추론하는 능력을 뜻한다(핵심 아이디어 4). 양적 추론을 하지 않았다면, 학생들은 두 문제에 제시된 양을 동시에 비교할 수 없었을 것이다. 대신 학생들은 145－100과 145－98을 각각 계산하여, 두 결과의 수치적 차이를 비교하는 산술적 접근에 제한되었을 것이다. 핵심은 학생들이 수학적인 추측에 대한 주장을 확립하도록 장려하는 교실 환경이 대수적인 이해를 돕는다는 것이다.

> Big idea
> **핵심 아이디어 4**
> 양적 추론은 양 사이의 관계를 서술하고 일반화하기 위해 양 사이의 관계를 확장한다.

교사들은 함수적인 관계를 정당화하도록 장려할 수 있다. 그것은 학생들이 수 사이에서의 무작위한 패턴을 넘어 관계를 표현하는 규칙을 정당화할 수 있는 방법으로써 문제 맥락에 내재된 단서를 찾을 수 있도록 돕는다. 예를 들어, 정사각형과 꼭짓점 문제에서는 정사각형의 배열에서 꼭짓점의 수를 구하는 방법을 체계적으로 점검하는 과정에 대하여 논의했다. 정사각형의 다양한 수로 이루어지는 배열에서 꼭짓점의 개수를 세는 방법에 대해 살펴봄으로써 일반화된 규칙이나 함수를 정당화하는 하나의 패턴을 관찰했다(필수 이해 5d의 논의에서 [그림 1.15] 참고). 비록 모든 함수가 이러한 유형의 추론에 적합한 것은 아니지만, 그렇게 할 때마다 교사의 관행이 공변하는 자료와 이들로부터 발생하는 일반화를 포함하여 문제 상황에 대해 추론하는 다양한 방법들을 돕는다는 것이 중요하다.

필수 이해 5d
함수를 다루는 데 있어, 서로 관련되어 변하는 양 사이에서 재귀적 패턴, 공변 관계, 대응 규칙과 같은 패턴 또는 관계의 여러 가지 중요한 유형이 관찰될 수 있다.

❸ 의사소통

초기 대수는 복잡한 수학적 아이디어에 대한 담화가 조성되는 교실에서 일어난다. 또한 학생들이 자신들이 관찰한 구조와 관계에 대하여 설명하고, 자신의 생각을 다른 친구의 생각과 비교하며, 수학적 논쟁을 통하여 자신이 추측한 관계를 옹호하고, 확립된 일반화에 관하여 공식적으로 추론하며, 자신의 아이디어를 표현하기 위하여 수학적 언어를 사용하는 등의 활동이 이루어지는 교실에서 활발하게 일어난다.

이러한 교실에서, 교사는 의사소통의 두 가지 핵심 활동인 발문하기(questioning)[7]와 듣기에 초점을 두어야 한다. 교사는 말하기보다 발문을 기반으로 한 교실 관행을 통하여 대수에서의 문제 해결 및 추론과 증명에 필요한 탐구 유형을 발전시킬 수 있다. 발문을 통하여 교사는 학생들에게 무엇에 관해 생각할 때 어떤 종류의 발문이 중요한지(예를 들어, "왜 이 진술이 참이라고 생각하는가?" "이 진술이 항상 적용되는가?")를 암묵적으로 지도할 수 있으며, 학생들에게 해결방법에 대한 책임을 부여할 수 있다. 이러한 방법으로, 교실 관행은 학생들이 수와 연산의 성질이나 그 밖에 다른 산술적 일반화, 함수적 관계, 또는 일반화된 양의 관계에 내재되어 있는 구조에 관하여 추론하는 하나의 맥락을 만든다.

그러나 모든 발문이 같은 것은 아니다. 전통적인 수업에서 교사가 학생들에게 어떤 유형의 발문들을 하는지 생각해 보자. 이

7) [역자 주] 질문하기로도 번역될 수 있으나, 본 장에서는 학생의 대수적 사고를 유발하기 위하여 교사가 학생에게 던지는 질문의 의미를 강조하여 발문하기로 번역하였다.

러한 발문들은 학생들이 이해하고 있는 것을 이끌어 낼 수 있도록 설계되었는가, 그리고 중요한 수학적 아이디어에 관하여 생각해 볼 수 있도록 학생들을 도전시키는가? 또는 학생들에게 설명했던 정보를 학생들이 알고 있는지를 평가하고 그 즉시 학생들이 계산에서의 특정 단계를 할 수 있도록 설계되었는가? 교사의 발문이 학생의 아이디어를 이끌어내고 있는지를 판단하는 쉬운 방법은 교사의 발문에 대하여 학생들이 대답할 수 있는 다양한 경우를 생각해 보는 것이다. 만약 학생들이 특별한 발문에 정답이나 오답으로 두 가지 방법 중 하나로 답한다면, 그 발문은 아마 학생들의 아이디어를 이끌어내기 위해 설계되었다고 보기 어렵다. 이와 반대로, 만약 학생들이 어떻게 생각하는지에 따라 발문에 대한 여러 가지의 타당한 답 중에서 하나를 제시한다면, 발문은 학생들의 아이디어를 평가하는 데 유용한 것이기 쉬울 것이다.

대수적 사고를 돕는 발문은 학생들이 하나의 문제를 모델링하는 데 사용한 전략, 그들이 선택한 표현의 유형, 이러한 표현들의 가장 중요한 특징을 포함하여 학생들로 하여금 그들의 사고를 설명하도록 한다. 그러한 발문들은 단순히 학생들의 아이디어를 공유하는 것을 넘어서서 자신의 사고를 다른 사람의 사고와 비교하게 할 수 있도록 한다. 이러한 발문들은 "이 전략이 다른 학생의 전략과 어떻게 유사한가? 또는 어떻게 다른가?", "어떤 표현이 정보를 더욱 간결하게 조직화하는 데 도움을 주는가?"를 묻는다. 이러한 발문들은 학생들로 하여금 자신의 추측을 분명하게 만들고 수학적인 논증을 통해 자신의 추측을 지원하도록 요구한다. "항상 일어나는 어떤 것에 주목하는가?", "추측을 말로 어떻게 설명할 것인가?", "왜 추측이 항상 참이라고 생각하는가?" 이러한 발문들은 학생들로 하여금 자신의 아이디어를 나타내기 위한 보다 수학적인 방법을 개발하도록 요구한다. "추측을 기호(변수)로 어떻게 설명할 수 있는가?", "말을 사용하지 않고 미지의 양을 어떻게 표현할 것인가?"

마지막으로, 발문하기에는 듣기가 필요하다. 교사가 발문하고 학생들의 생각을 적극적으로 듣는 교실은 교사가 학생의 대수적 아이디어를 분명하게 하고, 이를 검토하며, 수업을 통하여 이러한 환경을 조성한다. [생각해보기 3.1]은 생산적인 듣기에 대한 아이디어를 탐구한다.

생각해보기 3.1

자신의 듣기 관행에 대하여 생각해 보시오. 깊이 있는 대수적 사고를 지도하기 위하여 학생의 생각에서 무엇을 듣습니까?

❹ 연결성

교사는 학생들로 하여금 수학적 아이디어들을 연결하고, 자신의 아이디어가 더욱 정교한 지식을 향해 어떻게 나아가는지를 이해하고, 수학 외부의 맥락에서 수학적 이해를 적용할 수 있도록 돕는 것이 중요하다(NCTM, 2000). 더불어 문제를 해결할 때 학생들이 이해한 관계를 이끌어 내면, 학생들은 자연적으로 수학적 아이디어들을 연결한다.

연결은 다양한 차원에서 일어날 수 있다. 하나의 초기 대수 과제는 학생들에게 1장에서 제시한 다양한 핵심 아이디어들 사이의 중요한 연결을 만들 기회를 제공할 수 있다. 예를 들어, 정사각형과 꼭짓점 문제에서 학생들은 대수식(예, $3s+1$)을 쓰고, 대응 관계를 확인하고, 문제 상황을 나타내기 위해 등식을 사용하고, 변수의 역할을 변하는 양으로 이해할 필요가 있다.

과제가 다음의 간단한 질문을 포함하도록 확장되었다고 가정해 보자. “만약 정사각형 배열에 25개의 꼭짓점이 있다면, 배열에는 몇 개의 정사각형이 있는가?” 이와 유사한 문제를 해결하면서, 앤드류는 등식 $3s+1=25$에서 1을 빼지만, 등식을 그대로 유지하기 위해서 두 양 모두에서 1을 빼야한다고 추론했다. 이러한 이해를 적용하여, 앤드류는 원래의 등식을 $3s=24$로 다시 썼다. 그런 다음 24개의 타일을 가지고 3개씩 묶었다. 그리고 8개의 묶음이 있으므로 답은 8이라고 추론했다. 이 해결

핵심 아이디어 1
덧셈, 뺄셈, 곱셈, 나눗셈은 산술에서와 같이 대수에서도 같은 성질로 작용한다.

핵심 아이디어 2
두 양이 동치임을 보이기 위하여 등호를 사용하여 나타낸 수학적 진술을 등식이라고 한다.

핵심 아이디어 3
변수는 간결한 방식으로 수학적 아이디어를 기술하기 위해 사용될 수 있는 다목적 도구이다.

핵심 아이디어 5
함수적 사고는 공변하는 양 사이의 관계를 일반화하기, 이러한 관계를 말, 기호, 표, 또는 그래프로 표현하기, 함수 행동을 분석하기 위해 다양한 표현을 가지고 추론하기를 포함한다.

방법에 대해 앤드류는 꼭짓점의 개수와 정사각형의 개수를 연결하기 위해 하나의 함수를 사용하고, 동치에 대한 관계적 이해를 적용하고, 등식을 간단히 하기 위해 기본 성질을 암묵적으로 사용하고, 변수를 고정된 미지수로 해석할 필요가 있었다. 이는 기본 성질, 등식, 변수, 함수에 관하여 핵심 아이디어 1, 2, 3, 5에서 각각 설명한 아이디어들에 해당한다. 시간이 지남에 따라, 교사는 서로 연결된 중요한 필수 이해들을 이끌어내고, 같은 과제에서 이러한 것들이 어떻게 사용되었는지를 살피도록 학생들을 안내함으로써 핵심 아이디어들 간의 연결을 볼 수 있도록 도왔다.

만약 대수적 사고를 하나의 고립된 주제라기보다 사고방식(a habit of mind)으로 본다면, 대수적 사고를 풍부한 지식망 안에서 산술, 기하, 측정과 같은 수학적 영역을 가로질러 연결하고, 심지어는 수학 이외의 다른 과목의 영역에 걸쳐 연결된 것으로 이해하는 것이 자연스럽다. 예를 들어 한 3학년 교사는 이민에 대한 사회 교과 단원에서 활용하기 위하여 전화 문제를 고안했다(Soares, Blanton, & Kaput, 2006, p. 230).

> [전화 문제]
> 제퍼슨 학교의 2학년 학생들은 자유의 여신상을 방문하기 위해 돈을 모았다. 13명의 친구들이 가기로 계획하고 있다. 그들은 여행에 들떠 있었고 무엇인가를 잊어버릴까봐 걱정했다! 여행 전 날 밤에 그들이 가져와야하는 것을 다시 점검하기 위해서 서로에게 전화를 한다. 각 학생들은 다른 모든 학생들과 한 번씩 통화를 한다. 몇 번의 전화 통화가 필요할까?

이 과제를 해결하면서, 학생들은 소리에 관한 과학 단원에서 전화기를 만들었고 다양한 수의 친구에 대해서 필요한 전화 수에 관한 자료를 모으기 위해 그 전화기를 사용했다. 과제 자체는 이 학급에서 이전에 사용했던 적이 있는 악수 문제 다음에 모델화되었다. 이처럼 여러 교과를 접목한 사례와 같이, 교사들은 학생들이 대수적 사고에 쉽게 접근할 수 있도록 전통적인 수학 교실 밖에서 초기 대수 과제를 설정할 수 있다. 나아가 전화 문제와 같이 수학 이외의 영역(위 경우에는 사회 학습 단원)에 해당하는 과제를 해결하는 경험은 수학을 어려워하는 학생들에게 뜻밖의 이득이 될 수도 있다.

❺ 표현

「원리와 규준」(NCTM, 2000)은 "교사의 주요 책임은 학생들이 다양한 표현을 사용하도록 격려하는 학습 환경을 만드는 것이다."(p. 139)라고 주장한다. 앞서 1장에서는 표현 규준(p. 58)에 제시된 요구들을 열거하였다. 물론 표현의 유창성을 발달시키도록 돕는 교실 관행이 모든 학교수학에서 중요하지만, 말, 변수, 표, 그림, 그래프와 같은 다양한 표현이 일반화를 나타내고 추론하기 위해 통용되는 대수에서는 특히 중요하다.

교실 관행은 이러한 다양한 표현에 초점을 둠으로써 학생의 대수적 사고를 도울 수 있다. 예를 들어 학생은 그들이 만든 일반화를 일상 언어로 자연스럽게 기술할 수 있다. 그들은 "하나의 수에 1을 곱하면, 항상 같은 수를 다시 얻는다."와 같은 진술을 통하여 곱셈의 항등원 성질을 설명할 것이다. 그들은 "손의 수는 학생의 수의 두 배이다."라고 말하면서 교실에 있는 학생의 수와 손의 수 사이의 관계를 표현할 것이다. 아니면 그들은 관찰을 통해 두 지역의 넓이 사이의 관계를 특징지을 것이다. "이 지역의 넓이는 저 지역의 넓이보다 더 넓다." 이러한 모든 경우에서 수학적 아이디어를 말로 나타낸 학생들의 표현은 그들의 아이디어를 변수를 이용하여 기호적인 표현으로 나아가도록 돕는 것이 교사의 목적이 될 수 있다.

예를 들어 함수적 사고 과제에서 교사는 함수를 표현하기 위하여 말, 규칙, 표, 그래프와 같은 다양한 표현을 사용할 수 있도록 격려해야 하며, 공변하는 자료에서 관계를 추론하기 위해 이러한 표현들을 다루는 방법에 대하여 이해해야 한다(핵심 아이디어 5). Brizuela와 Earnest(2008)는 최고의 거래 문제

> Big idea
>
> **핵심 아이디어 5**
> 함수적 사고는 공변하는 양 사이의 관계를 일반화하기, 이러한 관계를 말, 기호, 표, 또는 그래프로 표현하기, 함수 행동을 분석하기 위해 다양한 표현을 가지고 추론하기를 포함한다.

[그림 1.17]에 대한 어린 학생들의 해석을 네 가지 차원으로 설명하였다.

① 쓰기나 말하기로 표현된 일상 언어와 구체물을 이용한 예 제시
② 말이나 그림을 사용하여 기록한 머리글자나 대수적 표기
③ 표
④ 그래프

Brizuela와 Earnest(2008)는 동일한 문제를 다양한 표현으로 다루는 것이 매우 중요하다는 것을 확인했다. 그러한 활동을 통하여 학생들은 어떤 표현에서 애매한 것을 해결하기 위하여 다른 표현을 사용할 수 있었기 때문이다. 나아가 그들은 하나의 표현을 다른 표현으로 변환해 보는 활동이 함수에 대한 학생의 해석을 더욱 유연하게 만든다는 것을 확인하였다. 함수적 행동을 해석하고 예측하기 위하여 다른 표현들을 사용하는 능력은 초등학교 과정에서 시작해야 하는 기술로써 이후 중학교와 고등학교에서 다루는 대수적 사고에서 점점 더 중요한 부분이 된다.

2) 적절한 과제와 평가 선택하기

대수적 사고를 지원하는 교실 관행에 대한 논의에서는 교실에서 사용할 수 있는 과제의 유형에 대해서도 고려하도록 한다. 많은 과제가 초기 대수 연구에서 사용되어 왔고, 자료들은 교육과정 자료에서도 찾을 수 있다. 그러나 출판사에서 손쉽게 얻을 수 있는 그러한 과제를 나열하기보다는, 대신에 과제에 대한 사고의 기틀을 잡을 수 있는 일반적인 매개체에 대하여 설명하고자 한다.

첫째, 초기 대수는 초등학교 과정에서 다루는 비교적 새로운 수학적인 초점이다. 그 결과 공통적으로 이용 가능한 교육과정 자료와 자원은 아직 대수적 사고를 위한 강력한 토대를 발달

시키는 데 초점을 두지 않을 수 있다. 그러면 다시 대수적 사고가 수학 안에서의 특정한 주제 영역이기보다는 가장 좋은 사고의 방법이라고 보았던 초기의 관점을 돌이켜 보자. 이러한 점에서 문제는 어떤 대수 자원이 현재 이용 가능한가가 아니라, 교실 관행에서 대수적 사고의 기회가 어디에 놓여 있는가이다. [생각해보기 3.2]는 이 질문을 좀 더 즉각적이고 개인적인 것으로 만든다.

생각해보기 3.2

자신의 일상적인 교실 관행에 대해 생각해 보시오. 어디에서 대수적 사고를 위한 기회를 볼 수 있습니까?

초기 대수를 특정한 주제에 대한 연구보다는 많은 주제에 관한 사고방식으로 보는 관점에서는 초기 대수의 실행이 교육적 자원에 따라 좌우되지 않기 때문에 변형적일 수 있다. 대신에 교사들은 그러한 변형을 통하여 초기 대수를 수업으로 자연스럽게 통합할 수 있는 수업의 기회를 사전에 계획했든, 즉흥적이든 간에 파악하는 것이 중요하다. 다음으로 과제 설계를 통하여 대수 수업의 기회를 만드는 다양한 방법에 대하여 논의하고자 한다.

비록 초기 대수가 종종 풍부한 개방형 문제 상황의 사용을 포함하고 있을지라도, 간단한 산술 과제들도 대수적 사고를 촉진하기 위하여 전략적으로 설계될 수 있다. 1장에서는 계산 문제가 어떻게 연산의 기본 성질에 관한 사고에 영향을 미치는지를 살펴보았다(필수 이해 1b). 예를 들어, 학생들은 일반적으로 4×7을 알기 전에 4×3을 알기 때문에 4×27보다는 4×23에서 분배 법칙을 사용하기(따라서 명백하게 확인하기)가 더 쉽다. 학생들은 4×23을 4×(20+3)으로 표현하기 위해 이러한 지식을 사용할 수 있다. 이는 분배 법칙에 의하여 4×23=(4×20)+(4×3)으로 확장할 수 있다. 그런 다음 교사들은 학생들의 사고를 성질 그 자체에 집중하도록 이러한 활동을 사

> **필수 이해 1b**
> 기본 성질은 계산에 필수적이다.

용할 수 있다.

다시 말해서, 산술 문제에서 수를 전략적으로 선택하는 교사들은 학생들의 대수적 사고를 신장할 수 있다. 뺄셈에 관한 브라이언의 아이디어에 대한 Schifter(2008)의 예(pp. 84-85)는 145−100과 145−98을 계산하는 두 가지의 간단한 산술 과제를 포함했다. 그러나 교사가 수를 전략적으로 선택함으로써 두 과제 사이의 구조적인 관계를 찾을 수 있었고, 즉 대수적 사고를 할 수 있었다.

> 대수적 사고와 계산을 통합하는 더 많은 예와 특정한 학년 수준에 적합한 성질에 대한 제안은 「수학과 공통 핵심 규준」(Common Core State Standards Initiative, 2010)에서 찾을 수 있다.

또 다른 예로 두 자리 수의 곱셈을 가르치고 있다고 가정해 보자. 계산 절차의 연습을 위하여 학생들에게 제공되는 계산 문제도 넓게는 대수적인 목적을 달성하기 위하여 설계될 수 있다. [그림 3.2]에 제시된 두 세트의 계산을 비교해 보자.

세트 1	12 ×34	15 ×31	22 ×18	10 ×25
세트 2	12 ×34	34 ×12	18 ×16	16 ×18

[그림 3.2] 대수적 사고를 돕기 위해 계산 과제를 사용하기

세트 1은 두 자리 수의 곱셈을 연습시키기 위하여 설계된 일련의 계산들이다. 물론 세트 2도 마찬가지이지만, 세트 2는 두 수의 순서를 바꾸어 곱할 때에는 곱셈이 어떻게 되는지에 대하여 학생들이 생각해 볼 수 있도록 특정한 인수를 선택하여 설계되었다. 이런 점에서 세트 2에 제시된 산술 과제는 학생이 곱셈의 교환 법칙에 대한 이해를 발달시킬 수 있도록 설계되었으며, 이 성질을 말이나 변수로 표현하고, 이런 일반화가 참일 수 있는 수의 범위에 관하여 생각하며, 모든 범자연수와 같은 수의 넓은 범위에 대해 왜 참이 될 수 있는지를 설명하는 논쟁을 발달시킬 수 있는 대화의 중요한 시작점을 제공한다.

대수를 산술적 문제로 가져오는 또 다른 접근법은 "수의 대

수적 사용(the algebraic use of number)"을 통해서이다. 이러한 접근법은 학생들이 산술 대신 산술에 내재된 연산의 구조를 생각해야만 문제를 해결할 수 있도록 산술 과제를 설계할 때 충분히 크거나 복잡한 수를 선택하는 것이다. 예를 들어 어느 3학년 교사는 학생들에게 크기가 큰 두 짝수를 제시한 뒤, 그 두 짝수의 합이 짝수인지 홀수인지를 결정하도록 요구하는 방법으로 산술 과제를 대수적 과제로 변환하였다고 설명했다. 아직 세 자리 수의 덧셈을 배우지 않은 학생들에게 세 자리 수의 짝수를 제시하여, 교사는 학생들이 덧셈에 대하여 추론하면서 짝수의 구조적 성질에 대해 생각하도록 하였다 (Blanton, 2008).

또 다른 예를 생각해 보자. 1장에 제시된 제콴의 화분 문제에서 각각의 화분을 만들기 위해서는 점토의 $\frac{3}{4}$파운드가 필요했었다. 제콴이 점토 4327파운드를 가지고 있다면 몇 개의 화분을 만들 수 있는지 문제를 확장해 보자. 위와 같이 점토의 양을 크게 늘리는 것은 학생이 자신이 알고 있는 산술 전략이 비효율적이며 방정식이 문제 상황을 모델링하고 해결하는 데 유용한 도구가 될 수 있다는 것을 인식하도록 돕는다.

또 다른 유용한 전략은 산술 과제에서 알고 있는 정보를 모르는 정보로 전환하는 것이다. 2장에서 다룬 사탕 문제를 생각해 보자.

> 존은 5개의 사탕을 가지고 있다. 메리는 존보다 3개 더 가지고 있다. 메리는 몇 개의 사탕을 가지고 있는가?

설명한 바와 같이, 존이 가지고 있는 사탕의 수를 모르는 양으로 만듦으로써("존은 몇 개의 사탕을 가지고 있다."), 과제의 답(메리가 가지고 있는 사탕의 수)이 대수식이 되도록 과제를 변형하였다. 이러한 유형의 과제는 특정한 수 대신 애매한 답에 직면하도록 하면서, 학생들이 대수적 사고에서 중요한 개념적인 이해을 할 수 있도록 격려한다(Carraher, Schliemann,

& Schwartz, 2008).

나아가 질량, 부피, 넓이와 같은 양의 측정값을 의도적으로 불특정하게 남겨둔 과제는 학생이 이러한 양 사이의 관계에 관해 대수적으로 추론할 수 있도록 돕는다(Dougherty, 2010). 예를 들어, 어린 학생들에게 특정한 양을 알려주지 않고 두 비커에 담긴 액체의 부피를 비교해 보도록 하면, 학생들은 이전의 사탕 문제에서 미지수를 기술하는 것과 유사하게, 액체의 모르는 부피를 나타낼 때, 개념적으로 도전을 받게 된다.

필수 이해 2a 등호는 동치 관계를 나타내는 기호이다.

또한 24×31＝___에서처럼 등호의 왼쪽에 모든 계산이 있고 오른쪽에는 모르는 양이 있는 표준 형태로 쓴 산술 등식의 한계에 주목해야 한다. 이러한 형태에서 벗어나는 것만으로도 학생들이 등호에 대한 관계적 이해를 발달할 수 있도록 도울 수 있다는 것을 관찰하였기 때문이다. 등호의 관계적 이해(필수 이해 2a)를 지원하기 위해 교사가 할 수 있는 가장 중요한 것은, 학생이 표준 형태가 아닌 23＝____＋15와 같은 등식처럼, 그리고 식과 등호의 양 항에 연산이 있는 12×5＝4×____와 같은 등식처럼 다양한 위치에 있는 등호를 자주 경험할 수 있는 기회를 제공하는 것이다.

마지막으로 고정된 양을 변화시킴으로써, 산술 과제는 종종 함수적 사고 과제를 만들기 위해 수정될 수 있다. 예를 들어, [그림 3.3]은 정사각형과 꼭짓점 문제의 산술적 형태를 보여준다. 간단히 정사각형의 수를 변화시킴으로써, 1장에서 제시한 함수적 사고 과제를 만들 수 있다([그림 1.11] 참고).

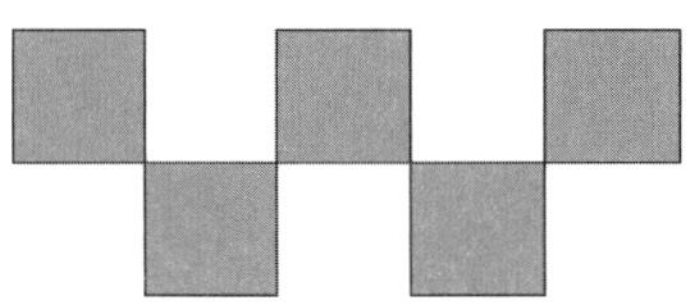

주어진 정사각형의 모양에서 정사각형의 수는 모두 몇 개이고 꼭짓점의 수는 모두 몇 개인가?

[그림 3.3] 정사각형과 꼭짓점 문제의 산술적 형태

여기서의 요점은 학생의 대수적 사고를 지원하는 과제는 일반화하기와 일반화를 표현하고 추론하기 위한 기회를 만드는, 미묘하지만 전략적인 방법으로 변화된 간단한 산술 문제를 통해 만들어질 수 있다는 것이다. 다음과 같은 방법이 있다.

- 산술적 과제를 통해 기본 성질과 다른 일반화에 대한 탐구를 유도할 수 있도록 전략적으로 수를 선택하기
- 학생들이 문제를 해결하기 위해 산술을 사용할 수는 없지만, 대신에 문제의 대수적 구조에 초점을 두어야만 하도록 충분히 큰 수를 선택하기
- 학생들이 동치에 대한 관계적 이해를 발달시킬 수 있도록 비표준적인 형태로 등식 쓰기
- 학생이 모르는 양을 표현하는 방법에 관해 생각할 수 있도록 특정한 문제에서 알고 있는 정보를 모르는 것으로 만들기
- 함수적 사고 과제를 만들기 위해 이전의 고정된 양을 변화시키기

02 대수적 사고를 평가하기

평가는 도착점이 아니라, 학생이 대수적 이해를 점진적으로 발전시키는 과정으로써의 학습 주기(a cycle of learning)로 여겨야 한다. 나아가 대수적 아이디어에 대한 학생의 이해를 평가하는 것은 그들의 사고를 이해하기 위한 비형식적이고 형식적인 다양한 방법을 포함할 필요가 있다.

초기 대수 과제와 같이 평가는 고차원적인 사고를 요구하는 풍부한 문제 기반 상황을 포함해야만 한다. 또한 종종 사실상 개방형이고 논쟁과 정당화에 근거를 둔 의미 있는 교실 담화를 통해 도움을 받는다. 비공식적으로 교사는 정규 수업의 일부뿐만 아니라 평가 관행의 일부로서도 자주 학생들에게 전략, 아이디어, 추측, 정당화에 관한 질문을 해야 한다. 형식적 평가는 여기에서 기술한 과제처럼 초기 대수 과제의 특징을 반영해야 하고 지식의 암기식 회상에 근거한 것이 아니어야 한다.

그리고 교실 수업에서 사용된 과제와 마찬가지로 평가는 학생

의 사고에서 가능성이 있는 어려움을 조사하고 드러내기 위해 설계되어야 한다. 예를 들어 8+4=___+5와 같이 간단한 과제는 등호에 대한 학생의 이해에 관한 중요한 정보를 드러낼 수 있다(Carpenter, Franke, & Levi, 2003). 마지막으로 평가, 또는 좀 더 넓게 교실 수업에서는 이 책의 핵심 아이디어에서 기술한 대수로 가는 다양한 진입로들을 포함해야 한다. 비록 이러한 핵심 아이디어(예, 양적 추론에 관한 핵심 아이디어 4 또는 함수적 사고에 관한 핵심 아이디어 5) 중 어느 하나가 대수를 이해하기 위한 필수적인 구성요소를 나타내더라도, 대수의 모든 영역을 연결된 대수 지식으로, 그리고 중학년 이상에서도 필요한 지식으로 학생들에게 제공될 수 있도록 집약적인 관심을 기울여야 한다.

> Big idea
>
> **핵심 아이디어 4**
> 양적 추론은 양 사이의 관계를 서술하고 일반화하기 위해 양 사이의 관계를 확장한다.

> Big idea
>
> **핵심 아이디어 5**
> 함수적 사고는 공변하는 양 사이의 관계를 일반화하기, 이러한 관계를 말, 기호, 표, 또는 그래프로 표현하기, 함수 행동을 분석하기 위해 다양한 표현을 가지고 추론하기를 포함한다.

03 대수적으로 생각하는 것을 학습하기

초기 대수는 학생들이 수학적 아이디어를 일반화하고 이러한 일반화를 표현하고, 정당화하고, 추론하기 위한 심도 있는 개념적 토대를 발달시키는 것을 도울 수 있다. 이 발달의 근본적인 부분은 학생들이 자신의 대수적 사고를 표현하기 위한 비형식적인 방법과 형식적인 방법을 연결하도록 돕는 것이다. 만약 학생이 형식적인 표현과 비형식적 표현을 관련시킬 수 없다면, 형식적 표현은 깊이와 기초가 부족하다. 반대로, 비형식적인 표현이 궁극적으로 형식적 표현과 관련되지 않는다면, 비형식적 표현은 힘과 일반화 가능성이 부족하다. 교실 관행에서 사용될 수 있는 평가와 과제뿐만 아니라, 앞에서 설명한 교실 관행의 종류는 이러한 학습을 지원하기 위해 초등학교에서 풍부한 대수 경험을 확립하는 데 필수적이다. 다음으로는 초기 대수를 학습하는 것이 학생들이 이후의 대수와 관련된 일부 도전들을 숙달하는 것을 도울 수 있는 방법을 간략히 설명한다.

학생이 기본 성질과 다른 산술적 일반화를 말과 기호로 설명하고 수학적인 논쟁에서 계산이나 이에 대한 추론에 이들을 사용하도록 명백하게 다루면서 기본 성질과 다른 산술적 일반화를 확인하기 시작할 때, 그들은 후속 학년에서 이러한 산술적 일반화의 형식적인 사용을 이해하기 위한 개념적 기초를 발달시킨다. 예를 들어, $3\times(40+6)$과 같은 양을 $3\times40+3\times6$으로 변환함에 있어 어떻게 분배의 성질이 작용하는지를 명백하게 이해하는 것은 학생들이 왜 $9(x+5)=9x+45$인지를 이해하도록 돕고 $a(b+c)$는 $ab+c$가 아니라 $a(b+c)=ab+ac$이고, 또는 $3n+4\neq7n$인데 반하여 $3n+4n=(3+4)n=7n$이라는 형식적 이해를 이끌 수 있다.

산술에서의 이러한 경험 없이, 학생들은 의미에 대한 어떠한 이해도 발달시키지 않은 채 고등학교 대수에서 형식적인 공리로 기본 성질을 접하는 위험을 무릅쓴다. 마찬가지로, 짝수와 홀수의 곱과 같은 산술적 일반화 또는 "$-x$는 필수불가결하게 음수는 아니다."와 같은 일반적 이해는 학생들이 산술에서의 자신의 경험을 통해 이를 발달시키지 않는다면, 너무 추상적이어서 추론하고 논쟁을 만들기 위한 도구로 사용할 수 없을 것이다.

앞에서 언급한 바와 같이 동치에 대한 관계적 이해는 학생들이 등식에 대해 갖는 일부 어려움을 다루는 데 중요하다. 동치에 관해 오개념을 가지고 있는 학생들은 $6=6$과 같은 등식은 수행해야 할 계산이 나타나 있지 않기 때문에 참이 아니다 라든지 $6=3+3$은 제시된 합이 등호의 오른쪽에 있어야 하기 때문에 참이 아니다라든지 $8+4=12$이기 때문에 $8+4=12+5$는 참이다라고 올바르지 않은 결론을 내릴 것이다. 이러한 동치에 관한 오개념은 등식이 수학적 관계를 나타내거나 추론하기 위해 사용되기보다는 학생들이 계산을 하도록 유도하는 데 더 자주 사용되었다는 사실에서 기인할지 모른다. 우리가 앞에서 기술한 바와 같이 동치에 대한 관계적 이해를 발달시키는 하나의 방법은 학생들에게 예를 들어 등식의 양 항에 연산이 있거나 두 항 중 하나에 미지의 양이 제시된 비표준적인 형식으로 쓰인 등식을 이해하고 해결하도록 하는 것이다.

초기 대수에서의 경험은 학생이 수학적인 일반화를 표현하기 위해 일상 언어를 사용하는 것에서 보다 기호적인 방법으로 이행하도록 돕는다. 대수를 학습함에 있어서 학생이 먼저 자신의 말로 일반화를 설명하는 것은 중요하다. 왜냐하면 이러한 경험이 그들이 이미 검토한 아이디어를 기술하기 위해 속기하는 것으로 변수를 도입하기 위한 발판이 될 수 있기 때문이다 (Schoenfeld & Arcavi, 1988).

게다가 **준변수(quasi-variables)**로 수를 사용하는 것은 산술식과 기호적인 대수식을 연결하기 위한 중요한 다리로서 역할을 할 수 있다. Fujii(2003)는 사용된 수에 상관없이 참인 근본적인 수학적 관계를 전달하는 수식(number sentence) 또는 수식의 집단으로 **준변수**를 정의한다. 예를 들어 어떤 학생은 73+19의 합을 같고 더 쉬운 72+20의 합으로 만들기 위해 먼저 73에서 1을 빼고 이것에 19를 더하는 것으로 계산할 수도 있다. 특히 이 학생은 형식적인 대수적 사고 또는 언어를 사용하지 않고, 대수적 관계 $a+19=(a-1)+20$ 또는 더욱 일반적으로 $a+b=(a-c)+(b+c)$에 대한 준변수로 $73+19=(73-1)+(19+1)$을 이용하고 있다. 더하는 수가 무엇이든지 간에 이러한 유형의 전략을 타당한 것으로 본다면, 이 학생은 수를 준변수로 사용하고 있는 것이다. 이런 점에서 수는 산술적 사고와 대수적 사고를 연결시키는 것을 도울 수 있다.

학생이 문자를 사용한 기호(알파벳의 한 문자)가 무엇을 나타내는지 뿐만 아니라 변수의 다양한 역할을 이해하기 위해서 변수에 대한 많은 경험을 하는 것이 중요하다. 예를 들어 3~5학년 학생이 산술 문장제를 나타내고 해결하기 위해 등식을 쓰면서 변수의 개념을 고정된 미지수(필수 이해 3a)로 발달시킬 수 있다. 양이 어떻게 공변하는지를 설명하는 함수적 관계를 검토하는 것은 학생에게 변하는 양으로서의 변수에 대한 경험을 제공한다. $a\times b=b\times a$와 같이 표현된 곱셈의 교환 법칙처럼 기본 성질을 일반화하는 것은 하나의 변수를 일반화된 수로 탐구하는 맥락을 제공한다. 비록 학생이 초등 학년에서

> **필수 이해 3a**
> 변수의 의미는 다양한 방법으로 해석될 수 있다.

변수의 이러한 다양한 사용을 명확하게 이름짓지는 못할지라도, 그들의 경험은 후속 학년에서 변수의 다양한 역할을 형식화하기 위한 중요한 기초를 제공한다.

게다가 초등 학년은 문제 상황에서 하나의 변수가 실제로 무엇을 나타내는지에 대한 정확한 이해를 발달시키기 위해 중요한 시기이다. 앞에서 언급한 바와 같이, '학생들은 종종 하나의 변수가 하나의 대상을 나타낸다.'고 잘못된 가정을 한다. 예를 들어, 변수 A가 삼각형의 넓이를 나타낸다면, 학생들은 A를 삼각형의 넓이라기보다 삼각형 자체로 이해할지 모른다. 변수의 사용에서 적절한 의미에 관심을 두는 것에 대한 반복된 경험은 그러한 변수가 무엇을 나타내는지에 대한 적절한 이해를 발달시키는 것을 도울 수 있다.

더욱이 초기 대수는 학생들이 아이디어를 기호적으로 나타내는 것을 학습하도록 도울 뿐만 아니라, 그것이 나타내는 관계에 대한 의미를 구성하도록 돕는다. 예를 들어 학생이 문제 상황을 모델링하고, 이러한 상황으로부터 도출된 자료를 확인하고 조직하고, 자료에서의 관계를 기술하고, 다양한 방법으로 이러한 관계를 표현하고, 문제를 해결하기 위해 관계를 해석함으로써 함수 과제를 해결함에 따라, 그들은 기호적 규칙 또는 일반화된 표현 뒤에 놓인 의미와 문제 상황, 자료, 관계에 대한 표현이 서로 연결되었는지에 대한 이해를 발달시킨다. 게다가 기하적 패턴을 포함하는 함수 과제는 학생에게 변화의 패턴을 이해하고 기호적 규칙(예, $v = 3s + 1$)과 문제 상황 사이의 연관성을 확인하도록 돕는 중요한 시각적인 단서를 제공할 수 있다. 대조적으로 함수적 사고의 시작점으로 형식화된 규칙이 주어진 학생들은 이러한 기호의 의미와 어떻게 그들이 특정한 맥락에서 발생하는지를 구성할 기회를 갖지 못한다.

마지막으로 변수 개념에 대한 학생들의 발달은 일상 언어에서 시작하는 것이 도움이 되듯이, 양 사이의 관계를 나타내는 것을 학습하는 것은 이러한 관계에 대해 먼저 질적으로 추론하는 것이 도움이 된다. Lochhead와 Mestre(1998)는 학생이 관계를 추론하는 세 가지 수준을 기술한다. 예를 들어 다음의 문제를 생각해 보자. “학급의 빵 판매에서 학생들은 컵케이크의 3배만큼 쿠키를 팔았다.” **질적 수준**(qualitative level)에서 학생은 먼저 “쿠키가 더 많이 팔렸는가 또는 컵케이크가 더 많이 팔렸는가?”의 질문을 생각함으로써 관계를 전체적으로 분석할 것이다. **양적 수준**(quantitative level)에서 학생들은 특정한 수의 항목에 대한 관계를 생각할 것이다. 예를 들어, 10개의 컵케이크를 팔았다면 몇 개의 쿠키를 팔았는가? 만약 15개의 컵케이크를 팔았다면 몇 개의 쿠키를 팔았는가? 마지막으로 **개념적 수준**(conceptual level)에서 그들은 빵 판매에서 팔린 쿠키의 수와 컵케이크의 수 사이의 관계를 설명하도록 돕기 위한 적절한 표현(예, 함수표)으로 조직화할 수 있는 자료를 산출하기 위해 이러한 질문을 사용할 것이다.

이러한 수준들의 암묵적인 양상은 이 수준들 모두에서 컵케이크의 수와 쿠키의 수 모두의 **명시적인** 포함이다. 이것은 특히 함수적 사고 과제에서 유념하는 것이 중요하다. 학생들이 함수 자료에서 확인할 수 있는 관계의 유형, 즉 재귀적 패턴, 공변 관계, 또는 대응 관계(필수 이해 5d를 참고하시오)는 자주 위계적으로 발생한다. 즉, 학생들은 함숫값(종속변수에 대한 값)에서 재귀적 패턴을 먼저 확인한다. 이는 자료의 하나의 계열에서 변화에 초점을 두는 것이 더 쉽기 때문이다.

> **필수 이해 5d**
> 함수를 다루는 데 있어, 서로 관련되어 변하는 양 사이에서 재귀적 패턴, 공변 관계, 대응 규칙과 같은 패턴 또는 관계의 여러 가지 중요한 유형이 관찰될 수 있다.

그러나 선행연구에서 학생들이 사고의 재귀적인 방법과 공변적인 방법 모두에 의지하는 혼합된 접근법을 사용할 수 있다는 것을 제안한다는 것에 주목할 필요가 있다. 예를 들어, 그들은 독립변수의 값과 함숫값 사이의 덧셈적인 관계를 찾을 수 있고, 그런 다음에 함숫값을 구하기 위해 이 관계를 사용할 수 있다(예를 들어, Martinez와 Brizuela(2006)를 참고하시오). 정말로 두 양이 서로 관련하여 어떻게 변하는지로 관심을 돌리는 것이 중요하고, 함수 자료에서 공변적인 관계를 확인하는 것은 재귀적 패턴에서 벗어나 관심을 돌리기 위한 좋은 출발점이다. 이러한 목적을 위해 두 양을 문제의 명시적인 부분으로 유지하는 것은 두 양과 애초부터 이를 표현하는 변수에 주의를 기울이기 시작하도록 돕는다. 이것은 학생들이 재귀적 패턴에 대한 견고한 초점을 발달하는 것을 피하도록 도울 수 있고, 대응 관계를 확인하는 방법을 학습하기 위한 단계를 확립할 수 있다.

04 결론

이 책은 초등 교사가 알아야 하는 초기 대수에 대한 핵심 아이디어와 필수 이해를 확인했다. 이를 사용하여 3~5학년에게 적절한 대수적 사고가 초등 저학년에서 자연스럽게 발달하는 대수적 아이디어와 어떻게 연결되는지, 그리고 중학년에게 필요한 이해로 어떻게 확장되는지를 생각해 보았다. 그리고 이 책은 교실 관행의 종류, 학생들의 대수적 이해를 도울 수 있는 관련된 과제와 평가, 그리고 3~5학년에서 대수에 초점을 둔 수업이 만약 대수에 관한 이러한 이른 경험이 주어지지 않았다면 마주칠 수 있는 일부 어려움을 넘어서도록 어떻게 도울 수 있는지에 대해 특징짓는 것으로 끝맺었다.

분명해 보이는 것은 초등 교사가 학생들에게 일반화하는 것과 일반화를 이용하여 추론하는 것에 초점을 두게 하는 수학 문제를 해결하게 하고, 학생들의 수학적 주장을 적절한 논쟁으로 정당화하게 하며, 그들의 아이디어를 다양한 형식으로 의사소통하게 하고, 다른 수학 영역에 걸쳐 그리고 수학 이외의 영역에 걸쳐 이러한 아이디어를 서로 연결하게 하며, 다양한 방법으로 수학적 일반화를 표현하고, 이러한 표현들을 탐구할 수 있도록 풍부하고 의미 있는 기회를 제공할 때, 대수에 대한 필수 이해를 발달시키도록 돕는다는 것이며, 이는 후속 학년에서 학생들을 대수적으로 준비되게 지원할 것이다. 이런 맥락에서 여기에서 기술한 아이디어는 초등학교 교사의 대수에 대한 이해를 확립하고, 궁극적으로는 교사가 가르치는 학생들의 대수에 대한 이해를 확립하기 위한 개념적인 로드맵을 제공하는 데 목적이 있다고 하겠다.

참고문헌

Anku, Sitsofe Enyoman. "From Matching to Mapping: Connecting English and Mathematics." *Mathematics Teaching in the Middle School* 2 (February 1997): 270–72.

Barnett-Clarke, Carne, William Fisher, Rick Marks, and Sharon Ross. *Developing Essential Understanding of Rational Numbers for Teaching Mathematics in Grades 3–5*. Essential Understanding Series. Reston, Va.: National Council of Teachers of Mathematics, 2010.

Blanton, Maria. *Algebra and the Elementary Classroom: Transforming Thinking, Transforming Practice*. Portsmouth, N.H.: Heinemann, 2008.

Blanton, Maria, and James Kaput. "Characterizing a Classroom Practice That Promotes Algebraic Reasoning." *Journal for Research in Mathematics Education* 36 (November 2005): 412–46.

Brizuela, Bárbara, and Darell Earnest. "Multiple Notational Systems and Algebraic Understandings: The Case of the 'Best Deal' Problem." In *Algebra in the Early Grades*, edited by James Kaput, David Carraher, and Maria Blanton, pp. 273–301. Mahwah, N.J.: Lawrence Erlbaum Associates, 2008.

Caldwell, Janet H., Karen Karp, and Jennifer M. Bay-Williams. *Developing Essential Understanding of Addition and Subtraction for Teaching Mathematics in Prekindergarten–Grade 2*. Essential Understanding Series. Reston, Va.: National Council of Teachers of Mathematics, 2011.

Carpenter, Thomas P., Megan Loef Franke, and Linda Levi. *Thinking Mathematically: Integrating Arithmetic and Algebra in Elementary School*. Portsmouth, N.H.: Heinemann, 2003.

Carraher, David, and Analucia Schliemann. "Early Algebra." In *Second Handbook of Research on Mathematics Teaching and Learning*, edited by Frank K. Lester, pp. 669–705. Charlotte, N.C.: Information Age; Reston, Va.: National Council of Teachers of Mathematics, 2007.

Carraher, David, Analucia Schliemann, and Judah Schwartz. "Early Algebra Is Not the Same as Algebra Early." In *Algebra in the Early Grades*, edited by James Kaput, David Carraher, and Maria Blanton, pp. 235–72. Mahwah, N.J.: Lawrence Erlbaum Associates, 2008.

Common Core State Standards Initiative. *Common Core State Standards for Mathematics. Common Core State Standards (College- and Career-Readiness Standards and K–12 Standards in English Language Arts and Math)*. Washington, D.C.: National Governors Association Center for Best Practices and the Council of Chief State School Officers, 2010. http://www.corestandards.org.

Cooney, Thomas P., Sybilla Beckmann, and Gwendolyn M. Lloyd. *Developing Essential Understanding of Functions for Teaching Mathematics in Grades 9–12*. Essential Understanding Series. Reston, Va.: National Council of Teachers of Mathematics, 2010.

Dougherty, Barbara J. "Measure Up: A Quantitative View of Early Algebra." In *Algebra in the Early Grades*, edited by James J. Kaput, David W. Carraher, and Maria L. Blanton, pp. 389–412. New York: Lawrence Erlbaum Associates, 2008.

———. "A Davydov Approach to Early Mathematics." In Future Curricular Trends in Algebra and Geometry, edited by Zalman Usiskin, Kathleen Andersen, and Nicole Zotto, pp. 63–69. Charlotte, N.C.: Information Age Publishing, 2010.

Dougherty, Barbara J., Alfinio Flores, Everett Louis, and Catherine Sophian. *Developing Essential Understanding of Number and Numeration for Teaching Mathematics in Prekindergarten–Grade 2*. Essential Understanding Series. Reston, Va.: National Council of Teachers of Mathematics, 2010.

Ellis, Amy B. "Algebra in the Middle School: Developing Functional Relationships through Quantitative Reasoning." In *Early Algebraization: A Global Dialogue from Multiple Perspectives*, edited by Jinfa Cai and Eric Knuth. New York: Springer, in press.

Empson, Susan B., and Linda L. Levi. *Extending Children's Mathematics: Fractions and Decimals*. Portsmouth, N.H.: Heinemann, 2011.

Empson, Susan B., Linda L. Levi, and Thomas P. Carpenter. "The Algebraic Nature of Fractions: Developing Relational Thinking in Elementary School." In *Early Algebraization: A Global Dialogue from Multiple Perspectives*, edited by Jinfa Cai and Eric Knuth. New York: Springer, 2011.

Fujii, Toshiakira. "Probing Students' Understanding of Variables through Cognitive Conflict Problems: Is the Concept of a Variable So Difficult for Students to Understand?" In *Proceedings of the 27th Conference of the International Group for the Psychology of Mathematics Education (PME)*, vol. 1, edited by Neil A. Pateman, Barbara J. Dougherty, and Joseph T. Zilliox, pp. 49– 65. Honolulu: PME, 2003.

Kaput, James. "What Is Algebra? What Is Algebraic Reasoning?" In *Algebra in the Early Grades*, edited by James Kaput, David Carraher, and Maria Blanton, pp. 5–17. Mahwah, N.J.: Lawrence Erlbaum Associates, 2008.

Kaput, James, David Carraher, and Maria Blanton, eds. *Algebra in the Early Grades*. Mahwah, N.J.: Lawrence Erlbaum Associates, 2008.

Kieran, Carolyn. "The Changing Face of School Algebra." In *8th International Congress on Mathematical Education, Selected Lectures*, edited by C. Alsina, J. Alvarez, B. Hodgson, C. Laborde, and A. Pérez, pp. 271–286. Seville, Spain: S.A.E.M. Thales, 1996.

Kilpatrick, Jeremy, Jane Swafford, and Bradford Findell, eds. *Adding It Up: Helping Children Learn Mathematics*. Washington, D.C.: National Academy Press, 2001.

Lannin, John, Amy B. Ellis, and Rebekah Elliott. *Developing Essential Understanding of Mathematical Reasoning for Teaching Mathematics in Prekindergarten–Grade 8*. Essential Understanding Series. Reston, Va.: National Council of Teachers of Mathematics, forthcoming.

Lobato, Joanne, and Amy B. Ellis. *Developing Essential Understanding of Ratios, Proportions, and Proportional Reasoning for Teaching Mathematics in Grades 6–8*. Essential Understanding Series. Reston, Va.: National Council of Teachers of Mathematics, 2010.

Lloyd, Gwendolyn, Beth Herbel-Eisenmann, and Jon Star. *Developing Essential Understanding of Expressions, Equations, and Functions for Teaching Mathematics in Grades 6–8*. Essential Understanding Series. Reston, Va.: National Council of Teachers of Mathematics, forthcoming.

Lochhead, Jack, and Jose Mestre. "From Words to Algebra: Mending Misconceptions." In *The Ideas of Algebra, K–12*, 1988 Yearbook of the National Council of Teachers of Mathematics (NCTM), edited by Arthur F. Coxford, pp. 127–35. Reston, Va.: NCTM, 1988.

Martinez, Mara, and Bárbara Brizuela. "A Third Grader's Way of Thinking about Linear Function Tables." *Journal of Mathematical Behavior* 25 (January 2006): 285–98.

National Council of Teachers of Mathematics (NCTM). *Principles and Standards for School Mathematics*. Reston, Va.: NCTM, 2000.

———. *Curriculum Focal Points for Prekindergarten through Grade 8 Mathematics: A Quest for Coherence*. Reston, Va.: NCTM, 2006.

———. *Focus in High School Mathematics: Reasoning and Sense Making*. Reston, Va.: NCTM, 2009.

———. *Guiding Principles for Mathematics Curriculum and Assessment*. Reston, Va.: NCTM, 2009. http://www.nctm.org/standards/content.aspx?id=23273.

Otto, Albert Dean, Janet H. Caldwell, Cheryl Ann Lubinski, and Sarah Wallus Hancock. *Developing Essential Understanding of Multiplication and Division for Teaching Mathematics in Grades 3–5*. Essential Understanding Series. Reston, Va.: National Council of Teachers of Mathematics, 2011.

Rivera, Ferdinand, and Joanne Rossi Becker. "Figural and Numerical

Modes of Generalizing in Algebra." *Mathematics Teaching in the Middle School* 11 (November 2005): 198–203.

Schifter, Deborah. "Representation-Based Proof in the Elementary Grades." In *Teaching and Learning Proof across Grades K–16*, edited by Despina A. Stylianou, Maria L. Blanton, and Eric J. Knuth, pp. 71–86. Mahwah, N.J.: Lawrence Erlbaum Associates, 2008.

Schoenfeld, Alan H., and Abraham Arcavi. "On the Meaning of Variable." *Mathematics Teacher* 81 (September 1988): 420–27.

Smith, Erick. "Stasis and Change: Integrating Patterns, Functions, and Algebra throughout the K–12 Curriculum." In *A Research Companion to Principles and Standards of School Mathematics*, edited by Jeremy Kilpatrick, W. Gary Martin, and Deborah Schifter, pp. 136–50. Reston, Va.: National Council of Teachers of Mathematics, 2003.

Smith, Erick, and Jere Confrey. "Multiplicative Structures and the Development of Logarithms: What Was Lost by the Invention of Function." In *The Development of Multiplicative Reasoning in the Learning of Mathematics*, edited by Guershon Harel and Jere Confrey, pp. 333–64. Albany, N.Y.: State University of New York Press, 1994.

Soares, June, Maria Blanton, and James Kaput. "Thinking Algebraically across the Elementary School Curriculum." *Teaching Children Mathematics* 12 (January 2006): 228–35.

Thompson, Pat. "Quantitative Concepts as a Foundation for Algebraic Reasoning: Sufficiency, Necessity, and Cognitive Obstacles." In *Proceedings of the Annual Conference of the International Group for the Psychology of Mathematics Education*, edited by Merlyn J. Behr, Carole B. Lacampagne, and Margariete Montague Wheeler, pp. 163–70. Dekalb, Ill.: Northern Illinois University, 1988.

방정숙
•미국 루이지애나 주립대학교 수학교육학 박사
•한국교원대학교 교수

최지영
•한국교원대학교 수학교육학 박사
•서울영남초등학교 교사

이지영
•한국교원대학교 수학교육학 박사
•팔달초등학교 교사

김정원
•한국교원대학교 수학교육학 박사
•신탄진초등학교 교사

수학교사를 위한 지침서 01
대수적 사고의 필수 이해

2017년 02월 10일 초판 인쇄
2017년 02월 15일 초판 발행

저 자 Maria Blanton, Linda Levi, Terry Crites, Barbara J. Dougherty
역 자 방정숙 · 최지영 · 이지영 · 김정원 옮김
발행자 오판근
발행처 (주) 교 우

주 소 서울특별시 동대문구 약령시로 8 교우빌딩 2층
전 화 925-2861~2, 편집부 / 925-2825, 홈쇼핑 / 969-5762
팩 스 925-2860

E-mail kyowoo@kyowoo.co.kr
홈페이지 http://www.kyowoo.co.kr
북스토어(쇼핑몰) http://www.kyowoo.co.kr

등 록 1994. 3. 24 제1994-000013호

ISBN 979-11-251-0168-0(94410)
979-11-251-0167-3(세 트)
값 10,000원